Die Saale

Von der Quelle bis zur Mündung: Burgen, Schlösser und Kulturlandschaften

Verlagshaus Schlosser

erschienen 08-2018, 1. Auflage
Verlagshaus Schlosser, 85551 Kirchheim

Text & Bilder: Wilfried Günther
Umschlag, Layout & Druck: Verlagshaus Schlosser
ISBN: 978-3-96200-071-4
€ 17,90

Die Saale

Von der Quelle bis zur Mündung:
Burgen, Schlösser und Kulturlandschaften

Einleitung

Der Wasserkreislauf der Erde befindet sich in einem ständigen Wechsel, beeinflusst von Sonne und Wind. Dabei sind die Flüsse die Lebensadern und Verkehrswege. Sie bilden auch Grenzen zwischen Ländern und Völkern und greifen gestaltend in die Landschaft ein. Den Flüssen auf ihrem Weg von der Quelle bis zur Mündung zu folgen, ist eine abwechslungsreiche und reizvolle Art des Reisens, unabhängig davon, ob man dem Fluss auf dem Schiff, per Fahrrad oder mit dem Auto folgt. Auf diese Weise erlebt der Reisende intensiv die unterschiedlichen Landschaftsformationen, die Vielfalt der Kultur- und Industrielandschaften.

Die Saale fließt auf ihrem Lauf von der Quelle bis zur Mündung in die Elbe durch die drei Bundesländer Bayern, Thüringen und Sachsen-Anhalt.

Entlang des gesamten Flussverlaufes der Saale künden die waldreichen Mittelgebirge Thüringer Schiefergebirge und Thüringer Wald mit tiefen Tälern und historisch gewachsenen Ortschaften, fjordähnliche Landschaften an der Saale-Kaskade *Thüringer Meer*, malerische Flusstäler mit steil aufragenden Weinbergen und Winzerhöfe in der Saale-Unstrut-Region, mittelalterliche Burganlagen, Klöster und prächtige Schlösser vom Geltungsanspruch weltlicher Herrscherdynastien. Es finden sich hier Industrieregionen für High-Technology und Chemieerzeugnisse und schließlich weitläufige, naturbelassene Uferregionen in der Tiefebene des Unteren Saaletals mit Porphyrkuppen und Auenwäldern sowie mit reicher Flora und Fauna.

Das Buch will ohne Anspruch auf Vollständigkeit die Geschichte und Gegenwart der historischen Orte darstellen und Anregung geben, diese Orte aufzusuchen und interessante und bleibende Eindrücke zu gewinnen. Dabei werden auch Burgen und Schlösser beschrieben, die wenig oder gar nicht in den üblichen Touristikbüchern erwähnt werden.

Der Flusstourismus hat in Deutschland in den letzten Jahren einen großen Aufschwung erlebt und erfreut sich großer Beliebtheit.

Die im Buch beschriebenen und vom Autor aufgesuchten Orte und Regionen werden im Inhaltsverzeichnis genannt.

Wilfried Günther
Merseburg, im Januar 2018

Die Quelle, wo alles beginnt

Etwa 1 km südlich von Zell in Oberfranken im Fichtelgebirge am Nordhang des *Großen Waldsteins* entspringt die Saale aus dem Stollen eines ehemaligen Bergwerks. Auf einer Höhe von 728 m über NN beginnt der Lauf der Sächsischen Saale und mündet nach über 413 km bei Barby auf einer Höhe von 49,5 m über NN in die Elbe.

In dem ehemaligen Bergwerk am *Großen Waldstein* wurde die Gelbkreide abgebaut, deren gute Qualität im Jahre 1794 durch Alexander von Humboldt in seiner Funktion als Oberbergrat bei einem Besuch vor Ort gerühmt wurde. Der *Große Waldstein* ist eine Hauptwasserscheide für die großen Flüsse Elbe, Donau und Rhein. Drei weitere Flüsse entspringen hier, die Eger in 12 km Entfernung von der Saalequelle mit dem Zufluss zur Elbe, die Naab zur Donau und der Main zum Rhein.

Abb. 1: Bildtafel an der Quelle

Die Quelle ist von großen Steinen eingefasst, ein Unterstand mit Tischen und Bänken lädt zur Rast ein. Ein Schild lockt Besucher auf einen Waldlehrpfad und verweist zugleich auf den Startplatz für den Saale-Radweg. Der Weg führt über 427 km weitestgehend entlang des Flusslaufes bis zur Mündung.
Der Platz vor der Quelle wird von einer Rinne durchzogen, in der die Saale ihre ersten Meter zurücklegt, bevor sie sich zu einem kleinen Bach entwickelt. Im weiteren Verlauf strömt aber von überallher aus dem Fichtelgebirge Wasser hinzu.

Abb. 2/3: Quelle und erste Meter der Saale

Der Name „Saale" wurde erstmals in einer Urkunde des Klosters Fulda als „Sala" erwähnt und bedeutet „ein von Weiden bestandener Fluss".
Der Saale wurde an dieser Stelle das Attribut „sächsisch" vorangestellt, um sie von der Fränkischen Saale zu unterscheiden. Die Fränkische Saale entspringt bei Bad Königshofen südlich von Meiningen und fließt über 140 km durch das Staatsbad Kissingen und den Rhönnaturpark bei Gemünden in den Main.
Die Sächsische Saale hat auch in früheren Zeiten nie Sachsen berührt. Die Preußische Provinz Sachsen mit dem Regierungsbezirk

Merseburg an der Saale war im 19. Jahrhundert nur ein politisches Gebilde. Die Saale durchquert auf ihrem Weg die Bundesländer Bayern, Thüringen und Sachsen-Anhalt mit sehr unterschiedlichen Landschaftsformationen und erlebnisreichen Kulturlandschaften. Sanft gewellte Regionen, hügelige Waldgebiete, terrassierte Weinberge und Durchbruchstäler, in die waldreiche Umgebung eingebettete Talsperren mit fjordähnlichen Landschaften, liebliche Flussauen und weite Tieflandebenen, in denen sich der Fluss seinen Weg zur Mündung bahnt, formen die Landschaft. Fichten-, Laub- und Mischwälder bedecken große Flächen entlang des Flussoberlaufs. Im mittleren Saaletal ist eine leicht wellige Landschaftsform mit terrassierten Weinbergen auf Muschelkalkfelsen und Winzerhöfen auf der Talseite des Flusses vorherrschend.

Am Mittel- und Unterlauf fließt die Saale durch eine naturbelassene und von Streuobstwiesen und weiten Auen mit kleinen Wäldchen geprägte Landschaft. Zahlreiche Burgen aus dem Mittelalter, teilweise stark zerfallen, mittelalterliche Städte mit prächtigen Kirchen, reich verzierte Bürgerhäuser und imposante Schlösser sind die Bauwerke längst vergangener Dynastien. Hier trifft eine hochherrschaftliche Kulturlandschaft in der über 1.000 Jahre alten Weinregion Saale-Unstrut um Naumburg und Freyburg auf eine neuzeitliche starke Wirtschaftsregion der Chemiestandorte Leuna-Buna. Sie säumen den Weg der Saale.

Auf dem Weg bis zur Mündung in die Elbe fließen mehrere Flüsse in die Saale: die Selbitz, die Schwarza, die Orla, die Ilm, die Unstrut, die Weiße Elster, die Bode, die Wipper, die Wisenta und zahlreiche kleine Bäche. Ihre Nebenflüsse vervollständigen den Lauf des Flusses und vereinen ein großes durch die Geschichte bedeutendes Territorium. Die Saale wird in der Zukunft ihr Wasser und das der Zuflüsse vielleicht in einen von Menschenhand oder durch die Natur veränderten Flusslauf über die Elbe der Nordsee zuführen. Die Saale ist nach der Moldau der zweitgrößte Zufluss der Elbe.

Saale-Radweg

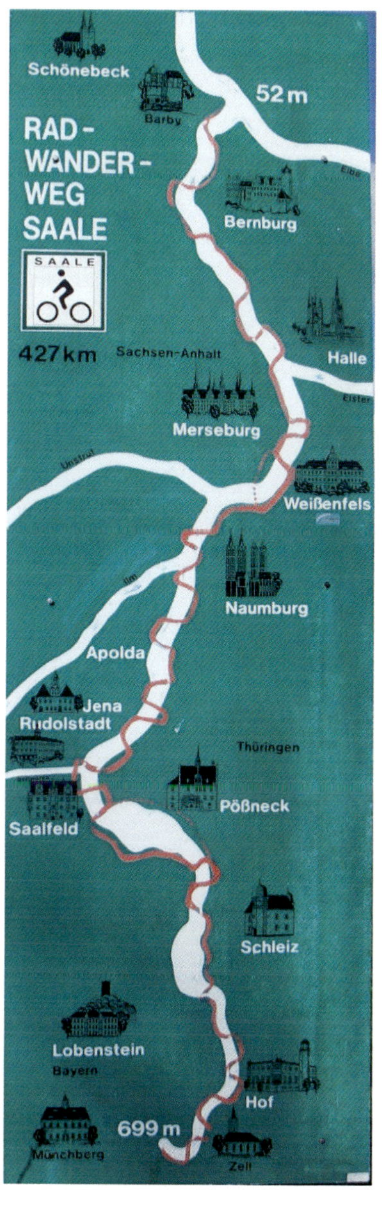

Der Saale-Radweg führt von der Quelle bei Zell im Fichtelgebirge bis zur Mündung bei Barby über 427 km durch die Bundesländer Bayern, Thüringen und Sachsen-Anhalt und lädt zu einer Kultur- und Erlebnistour entlang des Flussverlaufes ein. Historische Städte sowie zahlreiche Burgen und Schlösser und malerische Weinberge mit kleinen Winzerhöfen und Straußenwirtschaften besonders im Bereich der Saale-Unstrut-Region laden zum Verweilen und Entdecken ein.

Sehr reizvoll ist der Naturpark *Unteres Saaletal* mit den Porphyrlandschaften und Auengebieten bis zur Region um Barby mit dem Biosphärenreservat Mittelelbe mit seiner vielfältigen Tier- und Pflanzenwelt.

Der Saale-Radwanderweg ist einer der anspruchsvollsten Flussradwege Deutschlands und führt zu den Wirkungsstätten der Musiker Händel und Schütz sowie zu den genialen Orgelbauern Silbermann und Ladegast.

Vor allem am Oberlauf der Saale finden sich Strecken mit vielen starken Steigungen im Bereich des Thüringer Schiefergebirges. Ab Saalfeld im *Mittleren Saaletal* beginnen die sanfteren und gemütlicheren Abschnitte und führen durch die Saale-Unstrut-Region bis in die Niederungen des Unteren Saaletals. Malerische Flusstäler mit verträumten Ortschaften und mittelalterlichen Städten und Burganlagen von Weltruf wechseln sich ab mit terrassierten Weinbergen und historischen Kulturlandschaften. Man radelt meist abseits von großen Straßen auf gut ausgeschilderten Wegen durch wogende Felder mit reifem Getreide und Mohnblumen. Radfahrer durchqueren dunkle Nadelwälder im Thüringer Wald teils auf Forstwegen mit einsamen Lichtungen und blühenden Bergwiesen, aber der Weg führt sie auch auf verkehrsarmen Landstraßen entlang von Weinbergen und Winzerhöfen in der Saale-Unstrut-Region, durch die flachen Niederungen im *Mittleren* und *Unteren Saaletal* mit den Auewäldern und seltener Flora und Fauna durch die Leipziger Tieflandebene bis zur Elbmündung bei Barby.

Mit dem größten Teil der Strecke von 180 km durch Thüringen werden unterschiedliche Landschaften berührt, wie das Thüringer Schiefergebirge, die Saalestauseen Bleiloch und Hohenwarte, das *Thüringer Meer* bei Saalburg und Ziegenrück, Rudolstadt mit der Heidecksburg und Saalfeld mit den einzigartigen Feengrotten, Schloss Burgk und die Leuchtenburg bei Kahla, Jena, die Stadt der Wissenschaften und die von Goethe gern besuchten Dornburger Schlösser. Im sachsenanhaltinischen Teil führt der Radweg durch die Weinregion Saale-Unstrut von Bad Kösen bis Naumburg mit dem weltberühmten Dom, vorbei an den mittelalterlichen Burgen

Rudelsburg und Saaleck, Schönburg und Schloss Goseck sowie dem Weißenfelser Schloss Neu-Augustusburg. Weiter führt der Radweg entlang dem Gradierwerk Bad Dürrenberg durch die Chemieregion Leuna nach Merseburg mit dem mittelalterlichen Dom- und Schlossensemble, durch das einst größte Graureihergebiet Europas bei Schkopau und den Chemiepark Buna nach Halle. Durch das historische Zentrum von Halle mit der Saline, dem *Roten Turm* und dem Händeldenkmal, der Moritzburg und Burg Giebichenstein geht es hinaus in die Region *Unteres Saaletal* mit naturbelassenen Flussniederungen mit seltenem Pflanzen- und Tierbestand vorbei an den Porphyrfelsen der Brachwitzer Alpen zum Stammsitz des Fürstengeschlechtes der Albertiner und Ernestiner in Wettin.

Im weiteren Verlauf geht es vorbei an Rothenburg, Könnern, Alsleben und Schloss Plötzkau nach Bernburg mit dem hoch über der Saale liegenden Schloss, dem Herrschersitz der Askanier, Fürsten und Herzöge von Anhalt. Entlang des Flusslaufes mit den weiteren Stationen Nienburg und Calbe endet der Radweg an der Mündung der Saale in die Elbe bei Barby. In den Orten entlang der Saale gibt es ein umfangreiches Angebot an Übernachtungsmöglichkeiten auf Campingplätzen, in Pensionen, Jugendherbergen und Hotels. Dabei bietet sich die Möglichkeit, historische Stätten in der Umgebung zu besuchen, eine Schiffstour zu unternehmen oder baden zu gehen.

Markt Zell

Der erste Ort im Saale-Verlauf ist Markt Zell, ein staatlich anerkannter Erholungsort am *Großen Waldstein* im Fichtelgebirge mit fast 900 m Höhe. Die Ruine *Rotes Schloss* einer ehemaligen Raubritterburg inmitten der dichten Wälder verleiht dem Gipfel mit einem Aussichtsturm einen besonderen Reiz. In der Nähe befindet sich die Hotelpension „Waldsteinhaus“ mit Gaststätte und Übernachtungsmöglichkeit. Zu Beginn des 11. Jahrhunderts wurde der Ort erstmals in einer Urkunde von Bischof Hermann I. von Bamberg erwähnt. Beeindruckend ist ein Besuch im *Oberfränkischen Bauernhofmuseum* im Ortsteil Kleinlosnitz. Hier wurden zwei Bauernhöfe des Weilers mit originaler Einrichtung aus dem Leben der Bauern im 19. und 20. Jahrhundert am Standort liebevoll saniert.

Abb. Abb. 7: Marktplatz in Markt Zell

Weißdorf

Die kleine Gemeinde mit 1.400 Einwohnern liegt auf einer Höhe von 500 m und ist ein idealer Ausgangspunkt für Wanderungen in die herrliche bergige Landschaft des Fichtelgebirges und des Frankenwaldes. Der Ort Weißdorf lockt die Besucher mit beeindruckenden Bauwerken wie der *Pfarrkirche St. Maria* aus dem Jahre 1480. Sie beeindruckt mit einem spätgotischen Hallenschiff und wertvollen Wandmalereien im Inneren. Eine weitere Sehenswürdigkeit ist das am Ufer der Saale gelegene Wasserschloss der Herren von Sparneck aus der zweiten Hälfte des 14. Jahrhunderts. Das Schloss ist heute in Privatbesitz und nicht zu besichtigen.
Die Saale entwickelt sich hier allmählich zu einem Fluss.

Abb. 8: Schloss Weißdorf

Abb. 9: Saaletal in Weißdorf

Schwarzenbach a. d. Saale

Abb. 10: Rathaus Schwarzenbach

Die Stadt bot durch die günstige Lage am Oberlauf der Saale für viele alte Gewerbe wie Färbereien, Gerbereien und Mühlen eine Existenzgrundlage. Das Marktrecht wurde im Jahre 1610 verliehen. Heute hat die Stadt ca. 7.600 Einwohner. Eine Sehenswürdigkeit ist das zu einem Rathaus umgebaute ehemalige fürstliche *Schloss Schönburg* aus dem 17. Jahrhundert im Zentrum der Stadt. Das Wahrzeichen der Stadt ist die nach dem Stadtbrand im Jahre 1810 erbaute *Kirche St. Gumbertus* mit dem markanten Turm.

Eng verbunden mit der Geschichte des Ortes ist der Name Jean Paul. Der zu Lebzeiten berühmte Dichter verbrachte viele Jahre seines Lebens in der Stadt und schrieb hier literarische Meisterwerke, die seinen Ruf begründeten. Sein Vater war als Pfarrer in der *Gumbertuskirche* tätig.

Oberkotzau

Der Ort gehört zu den ältesten Ansiedlungen in Oberfranken und zählt heute ca. 6.000 Einwohner.
Sein Wahrzeichen ist der *Sautreiberbrunnen* auf dem Marktplatz im Zentrum des Ortes. Er erinnert an die einstige Tradition des Viehhandels in der Gegend, die den Bewohnern den Spitznamen „Seischwänz“ einbrachte.

Abb. 11/12: Sautreiberbrunnen

Oberhalb des Ortes thront das auf den Ruinen einer Burg um 1852 errichtete Schloss. Heute ist in einem Flügel das Pflegeheim der Diakonie Hochfranken untergebracht, der andere Flügel wird zu Wohnzwecken genutzt. Zu empfehlen ist ein Spaziergang durch den Ort auf dem 2004 angelegten *Bibelweg* mit Schautafeln zur biblischen Geschichte.

Abb. 13: Saale-Brücke und Schloss

Abb. 14: Schloss Oberkotzau

Hof

Die Stadt Hof liegt zwischen dem Fichtelgebirge und dem Frankenwald auf einer Höhe von ca. 500 m. Erwähnt wurde der Ort erstmals Anfang des 13. Jahrhunderts.

Abb. 15: Kirche St. Lorenz

Die älteste Kirche der Stadt ist die *St. Lorenzkirche* mit der Erwähnung als Urpfarrei im Jahre 1214. Sie gilt als die Mutterkirche Hochfrankens.

Bei der Belagerung Hofs im Zweiten Markgrafenkrieg im Jahre 1553 wurde die Kirche geplündert und brannte ab. Wenige Jahre später baute man sie wieder auf. Im Laufe der Jahrhunderte wurde die Kirche mehrfach zerstört, umgebaut und erweitert. Im Jahre 1822 erfolgte die Umgestaltung im klassizistischen Stil.

Bei einem Großbrand im Jahre 1823 wurden über 80% der Bausubstanz der Stadt vernichtet, daher herrschen bei den historischen Bauten in der Altstadt die Baustile des 19. und 20. Jahrhunderts, Klassizismus, Jugendstil, Biedermeier und Neugotik, vor. Gut zu sehen ist dieser Baustil bei den Türmen der neugotischen *Kirche St. Marien* und der spätgotischen *Lorenzkirche*.

Abb. 16: St. Marienkirche

Abb. 17: St. Michaeliskirche

Die *Michaeliskirche* hat ihren Ursprung in einer kleinen Kapelle aus dem Jahre 1230. Um 1380 erfolgte der Ausbau zur gotischen Kirche mit zwei Türmen und reicher Innenausstattung mit drei Altären. Vor dem Großbrand waren die drei Altäre rechtzeitig ausgelagert worden. Sie sind heute noch erhalten in der *Lorenzkirche* sowie in der *Hospitalkirche* in Hof und in der *Pinakothek* in München. Ende des 15. Jahrhunderts wurde die *Michaeliskirche* die Hauptkirche der Stadt. Sehenswert ist die Innenausstattung der *Michaeliskirche* mit geschnitztem Hochaltar und farbigen Chorfenstern.

Das Rathaus wurde nach dem Brand im neugotischen Stil wiederaufgebaut unter Einbeziehung wesentlicher Teile des Vorgängerbaus von 1565.

Abb. 18: Rathaus

Abb. 19: Rathausportal

Der wirtschaftliche Aufschwung der Stadt kam im 14. Jahrhundert mit der Tuchmacherei und der Baumwollweberei. Im Stadtzentrum zeugen aus der Zeit der Industrialisierung mit beeindruckender Architektur die alten Weberei- und Spinnereigebäude.

Die im Jahre 1974 fertiggestellte *Hofer Freiheitshalle* wird für große Fernseh- und andere Kulturveranstaltungen genutzt.
Seit 1967 finden alljährlich im Oktober die *Internationalen Hofer Filmtage* für den Nachwuchsfilm statt. Die Stadt Hof ist der Mittelpunkt des bayerischen Vogtlandes.

Abb. 20: Hofer Freiheitshalle

Zu einer Rast in idyllischer Umgebung laden der 70 ha große Bürgerpark *Theresienstein* und der angrenzende *Zoologische* sowie der *Botanische Garten* mit Seerosenteich, Rosarium und wunderschönen Blumenrabatten ein. Mit der Gestaltung des Parks wurde im Jahre 1819 begonnen. Der Park an der Saale-Schleife wurde 2003 zum schönsten Park Deutschlands gewählt.

Abb. 21/22: Bürgerpark Theresienstein

Joditz mit Aussichtspunkt Petersgrat, Ruine Saalenstein und Fattigsmühle

In Joditz verbrachte der Dichter Jean Paul, der eigentlich Paul Friedrich Richter hieß, seine Kindheit. Sein Vater war von 1765 bis 1776 Pfarrer in der *Kirche St. Johannes*. Die Kirche wurde um 1365 erstmals erwähnt und ab 1704 umgebaut zur Saalkirche mit Glockenturm mit der in der Gegend typischen Schiefereindeckung.

Abb. 23: Kirche Joditz

Jean Paul gehörte zu Lebzeiten zu den bekanntesten Dichtern Deutschlands und wird in einer Reihe mit J. W. Goethe genannt. Er hat in seinem Roman „Leben des vergnügten Schulmeisterlein Maria Wütz in Auenthal" eindrucksvoll die Bedeutung des Ortes für seine Kindheit beschrieben. Die Dichter Herder, Wieland und Gleim sowie Königin Luise von Preußen waren begeistert von seinen Schriften, während Goethe und Schiller sich kritisch distanzierten.

Das *Jean-Paul-Museum* in Joditz hält die Erinnerung an den Dichter in einem ländlich-bäuerlich gestalteten Ambiente fest.
Dort sind die Erstausgaben der Werke Jean Pauls und seiner Zeitgenossen ausgestellt.
Die Bibliothek umfasst ca. 700 Bände.
Vor der *Kirche St. Johannes* steht ein Jean-Paul-Gedenkstein.

Abb. 24: Jean-Paul-Gedenkstein

In der Nähe von Joditz, gegenüber der *Lamitzmühle*, befinden sich die gewaltigen Felsen des *Petersgrates* mit dem Aussichtspunkt *Petersgrat*. Der Wanderweg durch teilweise schwieriges Gelände erfordert eine gute Trittsicherheit beim Begehen dieses Teilabschnittes. In 100 m Höhe über der Saale wird der Wanderer mit einem schönen Ausblick auf die Windungen der Saale im Naturpark *Thüringer Schiefergebirge/Oberes Saaletal* belohnt.

An einem Saale-Bogen in der Nähe liegt das *Bad Auensee* mit einem Campingplatz.

Abb. 25: Saale bei Petersgrat

Die Burgruine *Saalenstein* stammt aus dem 12. Jahrhundert. Die Reste der Burg bestehen aus einigen Steinmauern und einem deutlich erkennbaren Graben. Der heute als Gaststätte mit skurrilen Ausstellungsstücken genutzte Burgstall am Steilufer der Saale war das Vorwerk einer größeren Burganlage, von der noch Reste eines Burgturms jenseits der Autobahn erhalten sind.

Abb. 26: Burgruine Saalenstein

Die *Fattigsmühle* war einst ein Rittersitz und Vorwerk der *Burg Saalenstein*. Sie stammt aus dem 16./17. Jahrhundert und wurde später zu einer Mühle umgebaut. Das Fachwerkhaus ist gut erhalten und steht unter Denkmalschutz. Der Mühlenbetrieb ist eingestellt und auf dem romantisch gelegenen Gelände wird eine Ausflugsgaststätte betrieben.

Abb. 27: Fattigsmühle

Hirschberg

Hoch über der Stadt und der Saale auf dem Lohberg von Weitem sichtbar liegt das *Schloss Hirschberg*. In einer Urkunde wird Hirschberg erstmals im Jahre 1296 erwähnt. Im Besitz der Fürsten von Reuß, jüngere Linie, diente das Schloss zu Wohnzwecken und wurde als schlichtes Barockschloss auf den Grundmauern einer alten Burg um 1664 errichtet. Der bronzene Hirsch ist das Wahrzeichen der Stadt.

Abb. 28: Schloss Hirschberg und Hirschtor

Vom Schloss reicht der Blick weit in den Frankenwald und auf die Saale. Seit 1479 besteht das Stadtrecht für den Ort Hirschberg. Bei einem großen Brand im Jahre 1835 wurden Teile der Altstadt mit Rathaus und Stadtkirche vernichtet. Im Jahre 1842 wurde die *Stadtkirche St. Katharinen* neu errichtet und auch das Rathaus wurde wiederaufgebaut.

Über viele Jahrhunderte bestimmte die Lederindustrie die Wirtschaft in und um Hirschberg. Zu Beginn des 20. Jahrhunderts entstand die größte Sohlenlederfabrik Deutschlands im Ort. Nach dem Ende der Produktion 1992 und dem späteren Abriss der Fabrik zeigt nun das *Gerber- und stadtgeschichtliche Museum* Zeugnisse der einstigen Industrie. Im Museum ist eine original nachgebaute Schuhmacherwerkstatt zu besichtigen.

Den Besuchern des Ortes wird eine beeindruckende landschaftliche Umgebung aus Felsen, Laub- und Nadelwäldern sowie Wiesenflächen am Ufer der Saale geboten.

Etwas flussabwärts liegt an einer Saale-Schleife der Ortsteil Sparnberg mit einer Kirche, deren Innenausstattung der Decke und das Chorgestühl aus Holz mehrere Jahrhunderte überdauert haben.

Blankenstein

Blankenstein im Naturpark *Thüringer Schiefergebirge/Obere Saale* ist bekannt als Endpunkt bzw. Startpunkt des *Rennsteiges*, eines über 168,3 km verlaufenden Höhenwanderweges im Thüringer Schiefergebirge und Thüringer Wald. Der Julius-Plänckner-Gedenkstein, die Holzskulptur vom Wanderer an der Selbitz, die Plastik vom *Steinernen Rennsteigwanderer* von 1903 im Ort und der *Rennsteigbrunnen* am Ortsausgang erzählen von der Geschichte des beliebten Wanderweges.

Abb. 29: Julius-Plänckner-Gedenkstein

Abb. 30: Holzskulptur Rennsteigwanderer

Der Gedenkstein erinnert an den Mann, der im Jahre 1830 als Erster den *Rennsteig* in mehreren Tagesetappen zusammenhängend erwanderte.

Das *Thüringer Schiefergebirge* ist eine abwechslungsreiche Landschaft mit welligen Höhen, bewaldeten Berghängen, tiefen Tälern mit kleinen Bächen und historisch gewachsenen Ortschaften mit schiefergedeckten Häusern.

Abb. 31: Zeichnung von Julius Plänckner (Horst Golchert)

Abb. 32: Steinerner Rennsteigwanderer

Abb.33: Beginn bzw. Ende des Rennsteigweges

Abb. 34: Rennsteigbrunnen

Blankenstein ist auch das *Deutsche Wanderkreuz* mit Startpunkt von fünf überregionalen Wanderwegen. Hier beginnen der *Rennsteig* mit Zielpunkt Hörschel, der *Frankenweg* bis zur Schwäbischen Alb, der *Fränkische Gebirgsweg* durch Frankenwald, Fichtelgebirge und Fränkische Schweiz, der *Kammweg* bis ins Erzgebirge und der anspruchsvolle *Frankenwaldsteig* rund um den

Frankenwald. Das Zusammentreffen von fünf Wanderwegen an einem Punkt ist einmalig in Deutschland.

In Blankenstein befindet sich zudem das größte Zellstoffwerk Europas. Bereits zu DDR-Zeiten existierte hier ein Zellstoffwerk.

Abb. 35: Deutsches Wanderkreuz

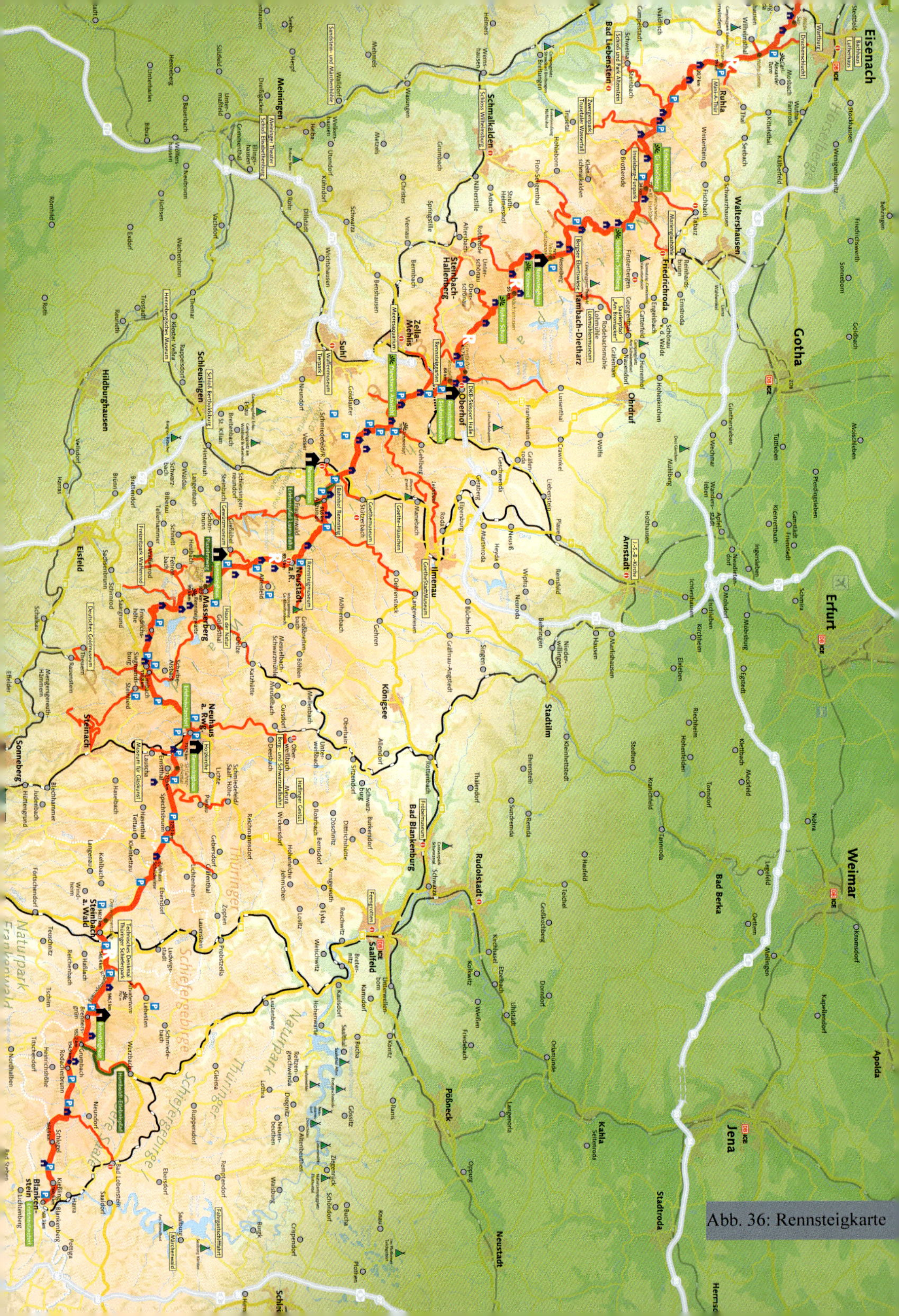

Abb. 36: Rennsteigkarte

Der Rennsteig

Der *Rennsteig* startet an der Werra in Hörschel bei Eisenach und endet nach 168,3 km bei Blankenstein im Thüringer Schiefergebirge. Die erste urkundliche Erwähnung aus historischen Quellen im 16. Jahrhundert in Schmalkalden ist auf das Jahr 1330 datiert. Er wird als ein Geheimweg für Reiterkuriere und als Handelsweg benannt. Für Wanderer ist der *Rennsteig* der Klassiker unter den Wanderwegen in Deutschland.

Abb. 37: Herbst am Rennsteig

Abb. 38: Startpunkt des Rennsteigs in Hörschel (Steinfass)

Nach altem Brauch entnehmen die Wanderer aus der Werra bei Hörschel ein Steinchen und tragen es über die Höhen des *Thüringer Waldes* und des *Frankenwaldes* bis nach Blankenstein. Dort werfen sie es am Endpunkt des *Rennsteigs* von einer Brücke in die Selbitz, einem Zufluss der Saale. Die Selbitz war bis 1990 in der Flussmitte die Grenze zwischen der DDR und der BRD.

Abb. 39: Selbitz-Brücke in Blankenstein

Von den Berghöhen am Wege des *Rennsteigs*, wie z.B. vom *Großen Inselsberg* bei Tabarz oder vom höchsten Punkt mit 973 m an der Plänckner-Aussicht am *Großen Beerberg*, bieten sich dem Wanderer grandiose Aussichten auf viele Naturschönheiten des *Thüringer Waldes* bis hin zur vorderen Rhön.

Eine Vielzahl an Pflanzen, wie das echte Springkraut, der Traubenholunder mit leuchtend roten Beeren und wilde Himbeeren, säumen den Weg. Die Tierwelt ist reich vertreten durch Rothirsche, Rehe, Wildschweine, Greifvögel und Schwarzspechte. Dunkle

Fichtenwälder, der seltene Rotbuchenbestand am *Großen Inselsberg*, blühende Bergwiesen und kleine Seen wie an der *Ebertswiese* bei Tambach-Dietharz oder Hochmoore und der alte Bestand an Buchen, Bergahorn und Weißtannen im UNESCO-Bioreservat *Vessertal* bei Schmiedefeld sind ein Paradies für Wanderfreunde. Im *Schwarzatal*, einem Seitental im *Thüringer Schiefergebirge*, sind seltene Tiere und Pflanzen beheimatet, wie der Eisvogel und wilde Orchideen. Alte Grenzsteine, rund 80 Schutzhütten und Unterstände entlang des *Rennsteigs* und Sagen zeugen von der Geschichte des Kammweges. Es gibt gegenwärtig von einst 1.300 noch 788 Wappengrenzsteine und sieben *Große Dreiherrensteine* auf dem *Rennsteig*.

Abb. 41: Grenzstein

Abb. 42: Wanderhütte bei Oberhof

Markante Punkte am *Rennsteig* sind die *Alte Ausspanne* und die blumenreiche *Ebertswiese* bei Tambach-Dietharz, der *Große Dreiherrenstein* bei Neustadt, das Rondell mit *Rennsteig-Garten* bei Oberhof, die *Teufelsbuche* bei Gießhübel, die *Rennsteigwarte* und die vordere Werraquelle bei Masserberg, die Skulptur des *Steinernen Rennsteigwanderers* in Blankenstein sowie der *Kurfürstenstein* bei Steinbach am Wald im Fränkischen. Letzterer stammt aus dem Jahre 1513 und gilt somit als ältester Wappenstein. Der *Rennsteig-Garten* wurde 1974 angelegt und zeigt mit über 4.000 Arten die Pflanzenwelt des *Thüringer Waldes* und aus anderen Bergregionen in der Welt.

Abb. 43: Großer Dreiherrenstein

Der *Große Dreiherrenstein* bei Neustadt bildet den Mittelpunkt des *Rennsteigs*. Mit der Formation der Kleinstaaten im Zuge der Erbteilung in den Fürstenhäusern wurde der *Rennsteig* mit seinen Grenzsteinen zur Trennlinie zwischen den Herrschaftsbereichen. Dabei grenzten häufig mehrere Kleinstaaten aneinander, wie z.B. am *Großen Dreiherrenstein* bei Neustadt die Fürstentümer Schwarzburg-Sondershausen, Schwarzburg-Rudolstadt und das Herzogtum Sachsen-Meiningen.

Hier geht die Landschaft des *Thüringer Waldes* in das *Thüringer Schiefergebirge* über.

In der Nähe des Rennsteig-Mittelpunktes, bei Masserberg, befindet sich auf dem *Eselsberg* in 842 m Höhe die *Rennsteigwarte*. Der Turm ist 33 m hoch, hat eine verglaste Kanzel und bietet einen herrlichen Rundblick auf die Höhen des *Thüringer Waldes*, bei guter Sicht bis zur Rhön. Ebenfalls am *Rennsteig* steht bei Lehesten der *Altvaterturm*. Er erinnert an die Opfer eines Massakers in Tschechien im Zuge der Vertreibung im Jahre 1946.

Abb. 44: Rennsteigwarte

Abb. 45: Altvaterturm

Nur wenige Kilometer von Brennersgrün findet man am *Rennsteig* entlang des *Schönwappenweges* acht Grenzsteine zwischen den ehemaligen bayerischen, hessischen und sächsischen Ländern. Der älteste ist der *Kurfürstenstein* aus dem Jahre 1513. Er zeigt auf der Nordseite das kurfürstlich-sächsische Wappen und auf der Südseite das kurfürstlich-bambergische Wappen.

Abb. 46/47: Kurfürstenstein

Der *Rennsteig* ist auch eine Sprach- und Wasserscheide. So entspringen bei Katzhütte, nur 150 m voneinander entfernt, zwei Bäche, deren Wasser unterschiedlichen Flussläufen zugeleitet wird, zum einen zu Werra und Weser, zum anderen über die Schwarza und Saale zur Elbe.
Die *Vordere Werraquelle* befindet sich in 797 m Höhe in der Nähe von Masserberg.

Abb. 48: Werraquelle

Das Teilstück des *Rennsteigs* von der *Hohen Sonne* bei Eisenach bis Neuhaus ist Bestandteil des internationalen Wanderweges Eisenach-Budapest. Der Sänger Herbert Roth komponierte im Jahre 1950 nach einem Text von Karl Müller das Rennsteiglied, die heimliche Hymne Thüringens, und setzte dem Mythos *Rennsteig* mit diesem Lied ein musikalisches Denkmal.

Das *Forstarbeiterdenkmal* in der Nähe des Rondells bei Oberhof erinnert an die aufopferungsvolle Arbeit von Tausenden deutschen Helfern und sowjetischen Soldaten nach der Windbruch-Katastrophe im Jahre 1946, nach der 4,5 Mio. Festmeter Schadholz beseitigt und 20.000 ha Kahlfläche aufgeforstet werden mussten.

Abb. 49: Forstarbeiterdenkmal

Sportlich beteiligen sich jährlich mehr als 15.000 Läufer Mitte Mai am *Guths-Muths-Rennsteiglauf*, einem Crosslauf durch den *Thüringer Wald*, der seit 1972 im Mai veranstaltet wird. Mitte Februar laufen Tausende Wintersportler beim Rennsteig-Skilanglauf über 15 und 30 km Loipen rund um Oberhof.

Abb. 50: Winter am Rennsteig

Bad Lobenstein

Idyllisch in den Ausläufern des *Thüringer Schiefergebirges* und des *Frankenwaldes* liegt das bekannte Moorbad Lobenstein mit seiner hübschen Altstadt und einer teilweise erhaltenen Burganlage, erstmals um 1250 als Ritterburg der Herren von Lobdeburg erwähnt.

Das Wahrzeichen der Stadt ist der auf einem Hügel stehende *Alte Turm* als Rest der Ritterburg aus dem 13. Jahrhundert. Hier werden ganzjährig Ausstellungen gezeigt. Im Dreißigjährigen Krieg wurde die Burg teilweise zerstört und nicht wiederaufgebaut. Von der Burg aus wurde im Mittelalter der Handelsweg Leipzig – Nürnberg bewacht.

Abb. 51: Reste der Ritterburg „Alter Turm“

Abb. 52: Markt Höhler

Eine Besonderheit in der Stadt ist der *Markt Höhler*, ein Bier-Felsenkeller im Stadtzentrum. Er wurde ab 1780 von Bergleuten in harter Arbeit in den Felsen getrieben und hat einen Stollen von 55 m Länge mit 20 großen Kammern für die Bierlagerung. Seit dem Jahr 2000 werden Führungen in den Stollen angeboten.

Das neue Schloss wurde um 1718 als schlichter Barockbau errichtet.

Abb. 53: Neues Schloss und „Alter Turm“

Mit der Entdeckung der Eisenquelle im Jahre 1868 wurde Lobenstein zum Moorbad. Eine Attraktion für die Gäste der Stadt ist die *Ardesia-Therme* mit großer Badelandschaft. Sie bietet Besuchern Anwendungstherapien für den Bewegungsapparat mit dem Heilmittel Moor und heimischen Heilwassern. Der Ort blickt folglich auf eine 150-jährige Kurtradition zurück.

Abb. 54: Marktplatz mit Kirchturm

Saaldorf

Bei Saaldorf beginnt die Stauung der *Bleiloch-Talsperre*, die sich bis Gräfenwarth hinzieht. Das neugotische Jagdschloss *Weidmannsheil* aus dem Jahre 1837 umgeben von einer Parkanlage diente einst den Fürsten von Reuß-Ebersdorf als feudaler Sitz. Markante Aussichtspunkte auf den *Bleilochstausee* gibt es vom *Heinrichstein*, *Mariestein* und *Agnesruh*.

Abb. 55: Saale-Bogen am Heinrichstein

Ebersdorf

Das erstmals im Jahre 1401 erwähnte Dorf war einst ein Rittersitz. Bedeutung erhielt der Ort mit dem Umbau des Schlosses in den Jahren 1692 bis 1696 zur Sommerresidenz des Fürstentums Reuß-Ebersdorf, das bis 1848 bestand. Die Orangerie aus dem Jahre 1790 im Schlosspark wird heute als Kulturzentrum genutzt.
Der berühmteste Gast im Schloss war Napoleon I. im Oktober 1806 während seines Feldzuges gegen Preußen.

Abb. 56: Schloss Ebersdorf

Abb. 57: Lithografie von J. G. Jentzsch, um 1820

Der Schlosspark wurde Anfang des 19. Jahrhunderts als englischer Garten gestaltet. Der *Ebersdorfer Park* bietet Lebensraum für eine Vielfalt an Pflanzen und Tieren. So gedeihen hier im Park die Türkenbundlilie, die Mai-Kuckucksblume, die Sumpfdotterblume und der Waldstorchschnabel. Auf den Wald- und Wiesenflächen sind Rehe, Eichhörnchen, Waldkauz und Grünspecht anzutreffen. Gelegentlich tauchen Graureiher und Eisvögel an den Teichen auf. In den feuchten Bereichen am Bachlauf und am Teich hat die Ringelnatter ihr Revier.

Im Park wurde 1931 von Ernst Barlach eine interessante Grabanlage für den letzten Fürsten der Reußlinie errichtet. Mit dem Grabmal der Fürstenfamilie Reuß hat der *Ebersdorfer Park* die einzige Freilandplastik des Künstlers in Thüringen.

Abb. 58: Mai-Kuckucksblume

Abb. 59: Ringelnatter

Abb. 60: Sumpfdotterblume

Abb. 61/62: Grabmal der Fürstenfamilie Reuß von Ernst Barlach

Heute ist Ebersdorf ein beliebter Urlaubsort an der *Bleiloch-Talsperre*. Vom Aussichtspunkt *Heinrichstein* hat man einen weiten Blick auf Saaldorf und den Saale-Bogen.

Saalburg

Die Stadt Saalburg liegt am größten Stausee Deutschlands, dem *Bleilochstausee*, und ist Ausgangspunkt für die Fahrgastschiffe und weiteren Wasser- und Campingtourismus.

Abb. 63: Schiffsanlegestelle mit Hotel

Abb. 64: Schiffsanlegestelle

Im Stadtkern stehen noch Reste des Bergfriedes der ehemaligen Burg und einer Stadtmauer mit Wehrtürmen. Die Stadt wurde vor über 800 Jahren im Schutze der Burg durch die Lobdeburger Herren von der Lobdeburg bei Jena erbaut. Seit 1313 besitzt Saalburg das Stadtrecht. Mit dem Bau der Staumauer der *Bleiloch-Talsperre*, vollendet im Jahre 1932, wurde Saalburg zur Stadt am See. Die riesige Wasserfläche des Stausees bietet ideale Bedingungen für den Wassertourismus, wie Segeln, Surfen und Bootstouren von Saaldorf bis Burgk.

Im Zuge der Gebietsreform wurden im Jahre 2003 die Orte Saalburg und Ebersdorf zur Stadt Saalburg-Ebersdorf vereint. Sehenswert im Stadtzentrum sind das Rathaus und die *Kirche St. Marien* aus dem 16. Jahrhundert.

Abb. 65: Rathaus

Abb. 66: Kirche St. Marien

Ein beliebtes Ausflugsziel ist der *Märchenwald* mit dem größten Hexenhaus Europas und mit Figuren aus bekannten Märchen. Der *Märchenpark* ist die Attraktion für große und kleine Besucher. Rund 40 Märchenszenen wurden im Park nachgestellt.

Abb. 67: Riese, Max und Moritz und großes Hexenhaus im Märchenpark

Abb. 68: Hexenhaus mit Hänsel und Gretel

Abb. 69: Goldene Gans

Im Ortsteil Kloster stehen nur noch Reste des ehemaligen Zisterzienser-Klosters *Zum Heiligen Kreuz* aus dem 14. Jahrhundert. Eine geologische Besonderheit in Kloster ist die *Steinerne Rose*, ein kugelförmiger Stein aus Diabas aus der Periode des Devons. Durch die Jahrtausende währende Verwitterung zerfiel der Stein zu konzentrischen Schalen und erinnert nun in seiner Form an eine Rose. Dieses Naturgebilde ist eine einzigartige Besonderheit bei Gesteinsformationen.

Abb. 70: Steinerne Rose

Thüringer Meer

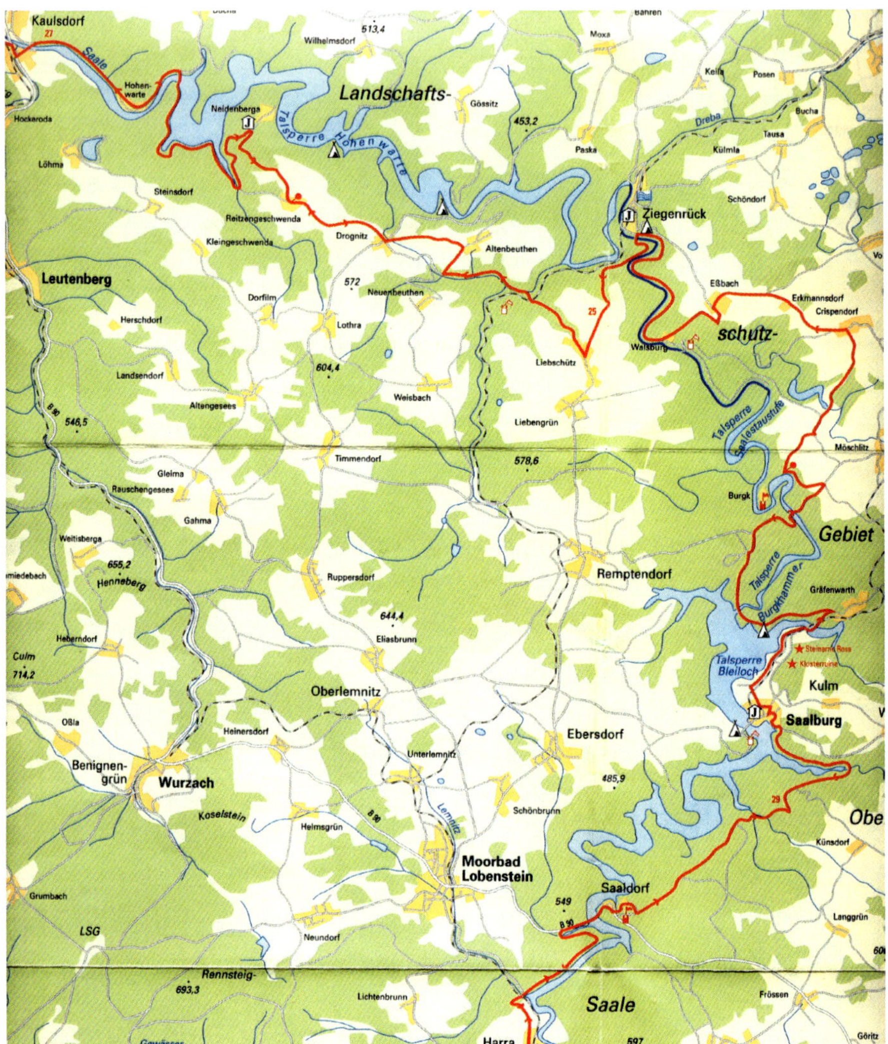

Abb. 71: Karte vom Thüringer-Meer

Das *Thüringer Meer* umfasst fünf Staugewässer: die *Bleiloch-Talsperre*, den *Hohenwarte-Stausee*, den *Stausee Burgkhammer*, den *Stausee Eichicht* und die *Talsperre Wisenta*. Der *Stausee Eichicht* dient dabei als Speicher für das Pumpspeicherwerk *Hohenwarte II*.

Durch die Stauungen in den 1930er Jahren sind in den Fluten mehrere Dörfer mit Kirchen und Mühlen untergegangen und es entstanden abwechslungsreiche, fjordähnliche Landschaften in diesem Teil des *Thüringer Schiefergebirges*. Weite, lichte Höhenflächen mit herrlichen Aussichtspunkten wechseln ab mit engen Tälern inmitten steil aufragender, bewaldeter Berge.
Die beiden Saaletalsperren *Hohenwarte-Stausee* und *Bleiloch-Talsperre* bilden den Hauptteil des *Thüringer Meeres*, einer 80 km langen Kaskade im Landschaftsschutzgebiet *Oberes Saaletal*. Mit der zunehmenden Industrialisierung im Raum Jena stieg der Bedarf an elektrischem Strom. Auf Drängen der Leitung der Zeiss-Werke wurde die Planung von Wasserkraftwerken für die Stromerzeugung aber auch zur Eindämmung der Hochwassergefahr im Saaletal vorangetrieben.

In den Jahren 1926 bis 1932 erfolgte der Bau der *Bleiloch-Talsperre* zwischen Saaldorf und Ziegenrück mit einer Staumauer von 65 m Höhe und 205 m Länge. Der entstandene Stausee ist mit 28 km Länge und einem Fassungsvermögen von 215 Mio. m³ Wasser der größte Stausee Deutschlands, reizvoll eingebettet in die Hänge des *Thüringer Schiefergebirges*.

Abb. 72: Bleiloch-Talsperre

Im Jahre 1941 folgte der Bau des *Hohenwarte-Stausees* mit 27 km Länge. Der Staudamm hat eine Höhe von 75m und eine Länge von 415 m. In den 60er Jahren des 20. Jahrhunderts entstand das Pumpspeicherwerk *Hohenwarte II.* Mit acht gewaltigen Rohrleitungen wird Wasser 300 m hoch in ein Rückhaltebecken gepumpt, um es in Spitzenzeiten an Strombedarf bergabwärts über die Turbinen des Kraftwerks zu leiten.

Abb. 73: Damm der Hohenwarte-Talsperre

Durch die Stauseen hat der Tourismus in der Gegend mit Wasserwandern und Camping stark zugenommen. Mit dem Boot lässt sich die wunderschöne Landschaft an den Ufern der Stauseen, beginnend ab Saalburg, vorbei an Ziegenrück und den Campingplätzen bis Kaulsdorf, erkunden.

Am *Hohenwarte-Stausee* befinden sich u.a. Campingplätze für Erholung, Urlaub und Freizeitgestaltung an den Standorten Neumannshof, Hopfenmühle, Mutschwiese, Droschkau, Plothental, Greez und Portenschmiede.

Abb. 74: Bootsanlegestelle bei Saalburg

Abb. 75: Campingplatz Neumannshof

Abb.76 : Campingplatz Droschkau

Abb. 77: Schiffsanlegestelle Hohenwarte-Stausee

Abb. 78: Halbinsel „Drachenschwanz“ im Hohenwarte-Stausee

Von April bis Oktober fahren täglich vollklimatisierte Fahrgastschiffe für Rundfahrten und Sonderausflüge über den Stausee. Einer der schönsten Aussichtspunkte über der *Hohenwarte-Talsperre* ist der Aussichtspunkt *Drachenschwanz* mit Blick auf den Stausee mit Halbinsel, den Campingplätzen Droschkau und Neumannshof sowie in der Ferne dem Dorf Paska.

Burgk

Im Landschaftsschutzgebiet *Obere Saale* liegt zwischen der *Bleiloch-Talsperre* und der *Hohenwarte-Talsperre* die Gemeinde Burgk. Es gibt nur wenige Gehöfte, aber eine majestätisch über der Saale-Schleife sich erhebende Burganlage. *Schloss Burgk* gilt als größte und älteste Schlossanlage im *Thüringer Oberland* mit einer gut erhaltenen mittelalterlichen Wehranlage. Erstmals erwähnt wird die Anlage um 1368. Durch die Lage abseits von Heerstraßen blieb sie weitestgehend von Belagerungen und Plünderungen verschont.

Abb. 79/80: Eingang und Seitenansicht von Schloss Burgk

Abb. 81: Schloss Burgk über der Saale

Ende des 17. Jahrhunderts baute das Fürstengeschlecht der Reußen, ältere Linie, die Anlage als Sommersitz und Jagdschloss für die höfische Repräsentation aus. Die von Gotik bis zum Historismus geprägte Anlage birgt in ihrem Inneren eine Schlosskapelle mit der im Jahre 1743 erbauten Silbermannorgel und einen kostbaren Bestand an Ausstellungsstücken der höfischen Wohnkultur in barocken Prunkräumen, einen schlichten Rittersaal sowie eine historische Schlossküche mit dem größten Küchenkamin Deutschlands.

Mit zahlreichen Ausstellungen, Konzerten – auch auf der Silbermannorgel –, Lesungen und Theateraufführungen im Rahmen der *Thüringer Schlössertage*, dem *Märchenfest* und dem Weihnachtsmarkt ist *Schloss Burgk* Anziehungspunkt für Besucher zu jeder Jahreszeit.

Ziegenrück

Abb. 82: Ziege, das Symboltier des Ortes

Die erste urkundliche Erwähnung des Ortes ist auf das Jahr 1258 datiert und bereits 1328 bestand das Stadtrecht. Heute ist Ziegenrück mit 660 Einwohnern die fünftkleinste Stadt Deutschlands und liegt im Saaletal, erstreckt sich aber auch ins Drebabachtal und ins Plothetal. Der Ortsname ist sorbischen Ursprungs und bedeutet „Flussbogen".

Seit 1999 ist Ziegenrück ein staatlich anerkannter Kurort. Idyllisch zwischen den beiden Saaletalsperren *Bleiloch* und *Hohenwarte* am *Thüringer Meer* gelegen, macht der Tourismus Ziegenrück zu einer Perle im *Oberen Saaletal*.

Die *Ziegenrücker Schieferfalte* direkt am Saale-Bogen ist ein sehenswertes Naturdenkmal, das vor ca. 330 Mio. Jahren entstand.

Abb. 83: Ziegenrücker Schieferfalte

Über der Stadt thront die um 1261 erstmals erwähnte Burg, die durch Brände im 18./19. Jahrhundert mehrfach beschädigt und umgebaut wurde und heute als restaurierte Kemenate in Privatbesitz ist. Die Kemenate war das Wohnhaus der Burg und hat die Abmessungen von 17 x 13 m und eine Höhe von 20 m. Die Kemenate ist neben der von Orlamünde ein gut erhaltenes Beispiel für die *Thüringer Breitwohntürme.*

Abb. 84: Kemenate

Die *Burg Ziegenrück* lag strategisch günstig auf einem Felssporn und diente der Überwachung und Sicherung des Flussübergangs der Saale. Besitzer waren die Grafen von Orlamünde. Um 1485 gelangte die Burg in den Besitz der Ernestinischen Linie der Wettiner. In der Stadt zeugen kunst- und baugeschichtlich wertvolle Bauten wie das Rathaus aus dem 16. Jahrhundert, die Kirche aus dem 13. Jahrhundert und das im fränkischen Bauernstil errichtete Pfarrhaus mit seinem schönen Renaissance-Portal von der reichen Geschichte der Stadt.

Abb. 85: Bootsanlegestelle und Kemenate Abb. 86: Straße am Saale-Ufer

Einst gab es in Ziegenrück fünf Mühlen, heute existiert davon nur noch die *Fernmühle*. Im Zusammenhang mit der Saaleflößerei um 1258 erstmals genannt, wurde diese Mühle im Laufe der Zeit als Getreide-, Öl- und Lohmühle, aber auch als Sägewerk und ab 1900 als Wasserkraftwerk für die Stromerzeugung im *Oberen Saaletal* genutzt. Seit der Stilllegung im Jahre 1965 beherbergt die Mühle ein Museum und ist mit dem noch voll funktionsfähigen Laufwasserkraftwerk das Einzige seiner Art in Deutschland. Es zeigt eine Darstellung der Wasserkraftwerke entlang der 80 km langen Saale-Kaskade und informiert über die Geschichte des Fischereihandwerks und der Saaleflößerei.

Abb. 87: Museum Fernmühle Abb. 88: Museumfreigelände

Mit der Errichtung des Hohenwarte-Staudamms und der Aufstauung der Saale zu einem Stausee entstand in der Umgebung ein weitläufiges Erholungsgebiet mit Urlaubs-, Wander- und Naturerlebniswelten.

Paska

Abb. 89: Fachwerkhäuser am Dorfplatz

Abb. 90: Landschaft bei Paska

Der Ursprung des Ortes geht auf das 13. Jahrhundert zurück. Prägend für den Ort sind die um den Dorfplatz herum angeordneten Dreiseiten- und Vierseitenhöfe im Fachwerkstil. Typisch für diese Gegend sind die abgerundeten Toreinfahrten an den Häusern.

Abb. 91: Dorfplatz mit Kirche

Der besondere Reiz liegt in der Umgebung des Ortes mit dem Campingplatz *Linkenmühle*, der *Teufelskanzel* und dem Aussichtspunkt *Fernsicht* mit einem wunderschönen Blick auf das Saaletal.

Der Campingplatz *Linkenmühle/Paska* am Rande des *Thüringer Schiefergebirges* liegt direkt am 27 km langen *Hohenwarte-Stausee*. Er verfügt über Stellplätze für 50 Kurzurlauber und 160 Plätze für Dauercamper. Für Erholung und Freizeit gibt es Möglichkeiten zum Schwimmen, Segeln und Wandern sowie für Kanu- und Bootfahrten. Direkt an der *Linkenmühle* vorbei führen der Fernwanderweg Eisenach – Budapest mit der einzigen Autofähre über einen Stausee und der 70 km lange Rundwanderweg um den Stausee.

Abb.92 : Campingplatz Linkenmühle

Von dem nur 1 km von Paska entfernten Aussichtspunkt *Teufelskanzel* zwischen Paska und Ziegenrück genießt man einen herrlichen Ausblick auf den 150 m tiefer liegenden Saale-Bogen und das weite *Thüringer Land*.

Abb. 93: Blick von der Teufelskanzel auf den Saale-Bogen

Reitzengeschwenda

Abb. 94: Volkskundemuseum

Oberhalb des Campingplatzes *Droschkau* am *Hohenwarte-Stausee* liegt direkt am Saale-Radweg der kleine Ort Reitzengeschwenda. Es ist ein typisches fränkisches Dorf, urkundlich erstmals 1378 erwähnt, mit einer Barockkirche mit schönen Deckenmalereien, Kanzelaltar, einer 250 Jahre alten, noch benutzbaren Orgel und wertvollen Holzschnitzereien. Ungewöhnlich ist die komplette Einfriedung des Kirchengeländes mit einer hohen Steinmauer.

Ein beliebtes Ausflugsziel für Urlauber am See sind das *Volkskundemuseum* und das *Sägemühlenmuseum* im Ort. Das *Volkskundemuseum* zeigt in sechs Gebäuden das fränkische Landleben mit Ausstellungen zum Bergbau in der Region und die vorkommenden Mineralien, Wohnungseinrichtungen, Trachten und landwirtschaftlichen Geräte.

Abb. 95: Hofseite des Museums

Abb. 96: Dorfkirche

Im *Sägemühlenmuseum* zeigen Ausstellungen den Bau der *Hohenwarte-Talsperre* und ein original erhaltenes Sägegatter, auf dem die mit der Saaleflößerei herangebrachten Bäume zu Bohlen und Brettern verarbeitet wurden.
Im Nachbarort Drognitz wird in der 500-jährigen Flößergaststätte „Zum Wolf" von der bereits um 1258 urkundlich erwähnten beschwerlichen Saaleflößerei berichtet.

Schlösser Eichicht und Kaulsdorf

Das *Schloss Eichicht* stammt aus dem 14. Jahrhundert. 1464 wurde eine Burgkapelle urkundlich erwähnt. 1696 erfolgte der Umbau der ursprünglichen Burg zum Schloss. Nach dem Verfall im 19. Jahrhundert erfolgte 1920 bis 1923 der historische Wiederaufbau im Fachwerkstil.

Das Schloss liegt am Dorfrand über einem steil abfallenden Bergsporn über der Loquitzmündung in die Saale und ist heute in Privatbesitz.

Abb. 97: Schloss Eichicht

Nur durch die Saale von Eichicht getrennt liegt Kaulsdorf mit seinem Schloss. Das Schloss steht auf einem Felsvorsprung über der alten Handelsstraße von Saalfeld nach Nürnberg. Es wurde 1678 auf den Grundmauern der Burg aus dem 14. Jahrhundert erbaut.

Der achteckige Fachwerkaufsatz am Turm entstand 1921. Heute ist auch dieses Schloss in Privatbesitz.

Abb. 98: Schloss Kaulsdorf

Saalfeld

Saalfeld wird wegen seines reichen Bestandes an historischen Bauten auch die „Steinerne Chronik Thüringens“ genannt. Die Stadt der *Feengrotten* kann auf eine 1.100-jährige Geschichte zurückblicken. Bereits seit 1180 besteht das Stadtrecht. Den Marktplatz umrahmt ein geschlossenes Ensemble historischer Gebäude, z.B. das Rathaus mit spätgotischem Erker und Fassadenteilen aus der Renaissance. Das Rathaus wurde zwischen 1526 und 1537 im frühen Renaissancestil mit hohen Giebeln und vorgesetztem, achteckigem Treppenturm errichtet.

Abb. 99: Marktplatz mit Rathaus

In unmittelbarer Nähe erhebt sich die prachtvoll ausgestattete *Stadtkirche St. Johannes*, eine der schönsten Hallenkirchen in Thüringen. Der dreischiffige Innenraum wird von dem gewaltigen Kreuzrippengewölbe und der Ausmalung des Gewölbes mit Blumen- und Pflanzenmotiven dominiert.

Abb. 100: Kirche St. Johannes

Abb. 101: Deckengewölbe in St. Johannes

Abb. 102: Marktplatz mit Kirche

Ein architektonisches Kleinod in der Altstadt ist das Gebäude der *Alten Stadtapotheke* in einem Patrizierhaus mit einer farbenprächtigen Giebelfassade. In den Jahren 1617 bis 1620 als Wohnhaus des Münzmeisters Johann Jakob erbaut, diente es 1747 bis 1769 als Apotheke.

Abb. 103: Patrizierhaus mit Apotheke

In der Stadt lebten die Menschen vom Bergbau und der Saaleflößerei bis weit in das 19. Jahrhundert.
Saalfeld ist heute ein erfolgreicher Wirtschaftsstandort mit einer Schokoladenfabrik, dem medizinischen Versorgungszentrum „Thüringen-Kliniken“, mehreren Elektronikdienstleistern und einer Traditionsbrauerei.

Ab.104/105: Schokoladenfabrik an der Saale

Das ehemalige Residenzschloss der Herzöge von Sachsen-Coburg-Saalfeld wurde in den Jahren 1676 bis 1720 als dreiflügeliges Barockschloss errichtet. Italienische Stuckateure haben die Schlosskirche im linken Flügelteil in ihren Innenräumen mit prächtigem Stuck und Deckenfresken zu einer der schönsten barocken Schlosskapellen in Thüringen gestaltet. Das Schloss wird heute als Verwaltungsbau des Landkreises Saalfeld-Rudolstadt genutzt.

Abb. 106: Schloss Saalfeld

Die Burgruine *Hoher Schwarm* direkt an der größtenteils gut erhaltenen Stadtmauer am Steilufer der Saale ist ein Wahrzeichen Saalfelds. Sie wurde um 1300 als Sitz der Vögte von Saalfeld erbaut und hatte eine strategische Stellung in der Stadtmauer zur Verteidigung der Stadt. Sie ist seit Mitte des 16. Jahrhunderts unbewohnt.

Abb. 107: Ruine „Hoher Schwarm“

Dicht neben der Burgruine steht das aus einem mittelalterlichen adligen Siedlungshof und einem Wehrturm der Stadtmauer 1521/22 hervorgegangene Renaissanceschlösschen *Kitzerstein*. Heute wird das Gebäude als Musikschule genutzt.

Abb. 108: Schloss Kitzerstein

Saalfeld ist einer der wenigen Orte, in denen alle Stadttore aus dem Mittelalter erhalten sind.

Abb. 109: Blankenburger Tor / Abb. 110: Oberes Tor / Abb. 111: Darrtor / Abb. 112: Saaltor

Die *Feengrotten* im Ortsteil Garnsdorf zählen zu den schönsten Tropfsteinhöhlen der Welt. In früheren Jahrhunderten bauten hier Bergleute Alaunschiefer ab. In den Hohlräumen entstanden im Laufe der Zeit unterirdische Hohlräume mit der faszinierenden farbigen Tropfsteinwelt aus Stalaktiten und Stalagmiten sowie schillernden Grottenseen. Die natürliche Oxidation bewirkte die Färbung der Mineralien. Der Alaunschieferbergbau dauerte über 300 Jahre bis Mitte des 19. Jahrhunderts an. Im Jahre 1910 wurde die Höhle wiederentdeckt und ein Berliner Kaufmann erwarb die Grubenrechte. Er ließ die Grotten und Höhlen zu einem Schaubergwerk umbauen und am 31. Mai 1914 der Öffentlichkeit wieder zugänglich machen. Seither haben über 17 Mio. Besucher die Wunderwelt im Berg erlebt. Neben dem Empfangsgebäude und den Café- und Imbissgebäuden wirkt der eigentliche Höhlenzugang sehr unscheinbar.

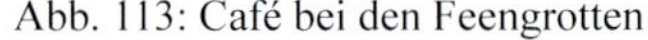

Abb. 113: Café bei den Feengrotten

Abb. 114: Eingang zu den Feengrotten

Noch heute strömen jährlich Tausende Besucher in die märchenhafte Welt der Schauhöhle. Das Prunkstück ist der *Märchendom* auf der unteren Sohle bei 35 m unter Tage.

Abb. 115: Märchendom

Abb. 116: Linke Quellgrotte

Bereits im Jahre 1937 wurde in einem separaten Teil der *Feengrotten* ein Inhalationsheilstollen für allergische und Atemwegserkrankungen eingerichtet. Die heilende Wirkung des Stollens basiert auf dem einzigartigen Klima unter Tage mit der absolut staub- und keimfreien Luft bei einer gleich bleibenden Temperatur von 10°C und einer hohen Luftfeuchtigkeit von 98%.

Abb. 117: Kurgebäude

Schloss Eyba

Oberhalb von Saalfeld liegt das *Schloss Eyba*. Der Ort Eyba wird erstmals im Jahre 1332 erwähnt. Als Gründer des Ortes gelten die Herren von der Burg Konitz. Sie ließen um 1553 das Schloss erbauen, das in wesentlichen Teilen bis heute erhalten ist. Der Ort Eyba lag an der Handelsstraße Leipzig – Nürnberg und wurde während des Dreißigjährigen Krieges oft geplündert. Auch Napoleons Truppen richteten 1806 große Schäden bei der Einquartierung im Schloss an. Bis 1918 gehörten Ort und Schloss zum Fürstentum Schwarzburg-Rudolstadt. In den Jahren 1990 bis 1992 umfassend saniert, dient das Schloss heute als Tagungs- und Familienhotel mit Wellnessangeboten. Ein 33.000 m² großer Schlosspark mit altem Baumbestand und einer romantischen Schlucht bietet Wandermöglichkeiten und Freizeiteinrichtungen zur Erholung.

Abb. 118: Schloss Eyba

Rudolstadt

Die reizvolle Landschaft des Saaletals und das auf einem Bergsporn weithin sichtbare dreiflügelige Barockschloss *Heidecksburg* machen Rudolstadt zu einem besonderen Ausflugsziel. Einer Krone gleich überragt der barocke Turm die langen Schlossflügel und die ganze Stadt.

Abb. 119: Blick von der Altstadt zur Heidecksburg

Abb. 120: Heidecksburg

In der Altstadt ist noch das historische Straßen- und Gassensystem vorhanden. An die Altstadt schließt sich der *Schlossberg* an, auf dem das Residenzschloss der Grafen und Fürsten von Schwarzburg-Rudolstadt, die *Heidecksburg*, thront. Von hier regierte die Fürstenlinie Schwarzburg-Rudolstadt ihr kleines Fürstentum. Nach einem Brand im Jahre 1733 wurde auf den alten Kellergewölben das neue Barockschloss errichtet. Es bildete über mehrere Jahrhunderte das Macht- und kulturelle Zentrum des Fürstentums. Wirtschaftlich war Rudolstadt seit dem 18. Jahrhundert durch die Porzellanmanufakturen geprägt. Bis zum Jahre 1918 gehörte Rudolstadt zum Fürstentum Schwarzburg-Rudolstadt.

Die Gegend um Rudolstadt sei außerordentlich schön, sagte schon Friedrich Schiller 1787 bei einem Besuch in der Stadt. Hier lernte er seine spätere Frau Charlotte von Lengefeld und ihre Schwester Caroline kennen.
Im heutigen *Schillerhaus* fand am 07. September 1788 die legendäre erste Zusammenkunft von Friedrich Schiller mit Johann Wolfgang von Goethe statt, aus der sich eine lebenslange, enge Freundschaft in Weimar und Jena entwickelte.

Abb. 121: Schillerhaus

Abb. 122: Schillers Gartenhaus

Das heutige Residenzschloss bietet eine Vielzahl architektonischer Kostbarkeiten des Barock und des Rokokos. Im Schloss sind noch die vorwiegend in Originalausstattung im Stile des Barock, Rokoko und Klassizismus erhaltenen Fest- und Wohnräume vorhanden. Das Highlight ist der um 1750 fertiggestellte Festsaal mit der Rokoko-Innenarchitektur.

Abb. 123: „Roter Saal“ der Heidecksburg

Abb. 124: Rococo-Miniaturwelt: Elefant

In der ehemaligen Hofküche gibt es eine *Rococo-Miniaturwelt* im Stile des 18. Jahrhunderts mit Figuren und Gebäuden des damaligen höfischen Lebens zu besichtigen. Die Ausstellung präsentiert das Lebenswerk der Künstler Gerhard Bätz und Manfred Kiedorf, die in 50 Jahren eine Fantasiewelt in Miniatur erschufen.

Abb. 125: Rococo-Miniaturwelt: Schloss

Abb. 126: Rococo-Miniaturwelt: Pelarische Hofküche

Abb. 127: Rococo-Miniaturwelt: Schloss mit Schlosshof

Die *Heidecksburg* beherbergt heute das *Thüringer Landesmuseum* mit zahlreichen fürstlichen Sammlungen wie die Gemäldegalerie, das Ostasiatische Spiegelkabinett vom Anfang des 18. Jahrhunderts und die Waffensammlung. Sie ist seit 1994 im Besitz der „Stiftung Thüringer Schlösser und Gärten“.
Das jährlich am ersten Juliwochenende stattfindende *Tanz- und Folkfest* verwandelt das Stadtzentrum mit dem Markt und die *Heidecksburg* in eine große Tanzbühne. Künftig soll es als *Rudolstadt-Festival* die Stadt noch weitaus bekannter machen.
Das neue Rathaus am Marktplatz entstand in seiner heutigen Form im Jahre 1912. Das aus dem 17. Jahrhundert stammende Gebäude erhielt dabei einen prächtigen Turmanbau und einen Erker im Renaissancestil. Bemerkenswert ist die Gestaltung des Türeingangs zum Rathaus.

Abb. 128: Markt mit Rathaus

Abb. 129: Rathausportal

Eine besondere Attraktion ist das alljährlich im Sommer in der Stadt und auf der Festwiese im Ortsteil Cumbach stattfindende *Vogelschießen*, das größte Volksfest Mitteldeutschlands. Es hat eine über 295-jährige Tradition und zieht Zehntausende große und kleine Besucher an.

Abb. 130: Wettkampferöffnung beim „Vogelschießen“

Abb. 131: Schießstand auf dem Rummel

Rudolstadts wirtschaftliche Stärke ist heute die Unternehmensvielfalt aus chemischer Industrie, Medizintechnik, Stahlbau und Papierproduktion sowie innovativer Forschung für Textil- und Kunststoff-Erzeugnisse.

Cumbach

Der kleine Ort Cumbach am rechten Saale-Ufer wurde 1327 erstmalig urkundlich erwähnt und ist seit 1923 ein Stadtteil von Rudolstadt. Eine große Wiese an der Saale diente den Rudolstädter Frauen früher zum Bleichen der Wäsche und wird heute für das Volksfest *Vogelschießen* und andere Großveranstaltungen genutzt.

Ebenfalls an der Saale befinden sich im *Heine-Park* die *Thüringer Bauernhäuser* als ältestes Freilichtmuseum Deutschlands.
Die malerische Hofanlage besteht aus mehreren Gebäuden aus dem 17. und 18. Jahrhundert, die in den Jahren 1914/15 aus umliegenden Dörfern umgesetzt wurden.
Die Ausstattung der beiden Häuser stammt teilweise auch aus dieser Zeit.

Abb. 132: Bauernhausmuseum

Das Museum zeigt anhand von originalen Möbeln und Gebrauchsgegenständen das dörfliche Leben in der Thüringer Region. Besonders sehenswert ist die Einrichtung einer alten Dorfapotheke aus dem 18. Jahrhundert mit Laborgeräten und Arzneiflaschen aus dem Dorf Rohrbach.

Abb. 133: Schloss Cumbach

Von dem früheren *Schloss Cumbach* existieren nur noch die Orangerie, das Teehaus, die Toranlage und Natursteinmauern.
Nach 1990 ist auf diesem Terrain ein modernes Alters- und Pflegeheim errichtet worden, das die erhaltenen Gebäudeteile der Orangerie miteinbezieht.

Uhlstädt-Kirchhasel

Die Gemeinde Uhlstädt-Kirchhasel besteht aus 32 Ortsteilen mit 6.300 Einwohnern und ist die flächenmäßig größte Kommune im Landkreis Saalfeld-Rudolstadt. Von 1837 bis 1965 existierte hier eine Porzellanfabrik. Sie war neben der Flößerei die Erwerbsgrundlage für die Einwohner.
Eine jahrhundertealte Tradition hat die Langholzflößerei auf der Saale. Die Langholzflößerei auf der Saale bot über lange Zeit den Menschen am Fluss ein gutes Auskommen. Der älteste Nachweis in einer Urkunde der Grafen von Orlamünde stammt aus dem Jahr 1258. Die geflößten Baumstämme dienten der Versorgung des Bergbaus mit Grubenholz zum Ausbau der Stollen und wurden in Sägewerken zu Bauholz verarbeitet. Mit der Flößerei wurde im zeitigen Frühjahr während der Schneeschmelze und teilweise auch bei Eisgang begonnen. Das machte die Flößerei zu einem gefährlichen Unternehmen. Geflößt wurde bis nach Camburg und Bad Kösen zu den großen Holzmessen. In der Blütezeit um 1850 wurden bis zu 3.470 Flöße im Jahr auf der Saale bewegt. Ein Floß umfasste 24 bis 28 Stämme bei eingelenkiger Bauart mit Längen bis zu 18 m. Geflößt wurden nur Fichten und Kiefern als gut schwimmbares Holz. Durch den Bau der Staumauern an der *Oberen Saale* und die günstigeren Transportmöglichkeiten mit der Eisenbahn ging die gewerbliche Flößerei im Jahre 1938 zu Ende, und damit endete auch der Raubbau in den Wäldern des *Thüringer Waldes* und des *Schiefergebirges*. Die Flößerei wurde im Dezember 2014 durch die Deutsche UNESCO-Kommission in das bundesweite „Verzeichnis des immateriellen Kulturerbes“ aufgenommen.

Abb. 134: Historisches Flößen

Abb. 135: Langholzflößen beim Flößerfest 2017

Heute kann man von Mai bis Oktober zwischen Uhlstädt und Kirchhasel eine Floßfahrt auf der Saale genießen, vorbei an der 40 m hoch gelegenen *Weißenburg*. Alle zwei Jahre richtet der im Jahre 1984 in Uhlstädt gegründete Flößerverein ein *Flößerfest* aus. Dabei werden die alten Bräuche der Flößer wieder lebendig und als Höhepunkt wird eine Fahrt mit Langholzflößen über das Saale-Wehr gezeigt.

Abb. 136: Flößen am Wehr

Abb. 137: Flößerei-Museum mit Flößerburschen

Abb. 138: Blaskapelle beim Flößerfest

Abb. 139: Theatergruppe beim Flößerfest

Wo und unter welchen Bedingungen jahrhundertelang Holz auf der Saale transportiert wurde, zeigt das *Flößerei-Museum* in Uhlstädt. Das vom Verein über die Jahre gesammelte Material zur Geschichte der Langholzflößerei auf der Saale dokumentiert das berufliche und soziale Umfeld der Flößer anhand von historischen Fotos und Erläuterungen zu Floßmodellen, Kleidung und Werkzeug. Dargestellt wird die umfangreiche Korrespondenz mit Johann Wolfgang von Goethe als zuständigem Minister des Großherzogtums Sachsen-Weimar-Eisenach. Er bedankte sich für die pünktliche Lieferung des Bauholzes für den Bau seines Theaters in Bad Lauchstädt. Neben dem Museum befindet sich ein kleines Wasserkraftwerk mit dem Saale-Wehr.

Abb. 140: Flößerei-Museum

Abb. 141: Kraftwerk am Wehr

Abb. 142: Flößermodell im Museum

Das Floßmodell zeigt die Fahne, den Butler für diverse Gegenstände, Ruder und Holzstange sowie die Wieden zum Zusammenbinden des Holzes. Die Wieden wurden aus dünnen Fichtenstämmen oder Weiden hergestellt, die durch Wasser- und Hitzeeinwirkung biegbar gemacht und damit zu billigem, haltbarem Befestigungsmaterial wurden.

Weißenburg

Auf der gegenüberliegenden Saale-Seite, oberhalb des Ortes Weißen, befindet sich die *Weißenburg*. Auf den Resten einer um 1248 erbauten Burg der Grafen von Orlamünde wurde um 1530 durch Friedrich von Thun ein wohnliches Schloss errichtet. Über dem Burgtor ist sein Wappen eingelassen. Friedrich von Thun war zu seiner Zeit ein bedeutender Diplomat und begleitete Martin Luther im Jahre 1521 zum Reichstag nach Worms.
In der ersten Hälfte des 18. Jahrhunderts befand sich das Schloss im Besitz der Herren von Lengefeld. Charlotte von Lengefeld, Schillers spätere Ehefrau, wohnte in ihrer Jugend hier. Im Jahre 1777 verweilte Goethe gemeinsam mit Charlotte von Stein aus dem nahen Großkochberg mehrmals auf dem Schloss. Nach einem Großbrand im 18. Jahrhundert wurde 1796 der heutige Schlossbau im neugotischen Stil errichtet. Nach dem Zweiten Weltkrieg diente das Gebäude als Unterkunft für Flüchtlinge und Umsiedler. Heute befindet sich in dem Schloss ein Hotel mit angeschlossener Rehabilitationsklinik für Onkologie und Rheumaleiden.

Abb. 143: Schlosseinfahrt

Die ehemalige Burg aus dem 13. Jahrhundert besaß fünf Türme und war auf der von der Saale abgewandten Seite mit massiven Befestigungsanlagen umgeben. Sie war von Gräben und Mauern eingerahmt, von denen heute noch Reste zu sehen sind.

Abb. 144: Schloss Weißenburg

Großkochberg

Zur Gemeinde Uhlstädt-Kirchhasel gehört heute auch Großkochberg. In dem Schloss, das Frau von Stein gehörte, waren auch Goethe und andere Staatsgäste des Weimarer Hofes mehrfach zu Besuch. Die Geschichte des Ortes und des Schlosses reicht weit in das Mittelalter zurück. Um das Jahr 1274 wird ein Rittersitz in Kochberg bezeugt. Ein neuer Eigentümer ließ um 1600 eine mehrflügelige Schlossanlage im Renaissancestil erbauen. Durch den Freiherrn von Stein wurde die Anlage um das Jahr 1730 zu einem Barockschloss umgestaltet. Hinter dem mit einem Wassergraben umgebenen Schloss breitet sich ein als Landschaftspark gestalteter Garten aus. In dem barocken Gartenhaus werden Theateraufführungen veranstaltet. Es gehört zur *Europ*äischen Route *Historischer Theater*, in einer Reihe mit dem *Goethe-Theater Bad Lauchstädt* und dem *Eckhof-Theater* auf *Schloss Friedenstein* in Gotha. Im Schloss befindet sich heute ein Museum. Hier wird an Goethes zahlreiche Besuche bei seiner Freundin Charlotte von Stein erinnert.

Abb. 145: Schloss Großkochberg

Abb. 146: Schlosspark

Zum Schloss mit Wassergraben gehört ein weitläufiger, 6 ha großer, romantischer Landschaftspark mit altem Baumbestand, der zum Spaziergang und Verweilen einlädt. Verschlungene Wege führen zu einer Turmruine, einer Grottenanlage und einer Teichanlage.

Orlamünde

Orlamünde liegt an der Mündung der Orla in die Saale und wurde erstmals im Jahre 874 urkundlich erwähnt. Die Stadt ist aufgeteilt in die Unter- und Oberstadt.

Abb. 147: Blick auf die Unterstadt

Abb. 148: Gemeindeamt

Die Oberstadt entstand im 11. Jahrhundert im Schutze der Burg als Burgstadt. Von hier aus bietet sich ein herrlicher Fernblick ins Saaletal. Aus dem Jahre 1194 findet sich ein Hinweis auf eine Burg als Residenz der mächtigen Grafen von Weimar-Orlamünde. Davon ist nur noch der sechsgeschossige Breitwohnturm, die *Orlamünder Kemenate* – der Rest eines romanischen Palas – mit 3m dicken Mauern erhalten.

Abb. 149: Orlamünder Kemenate

Seit 1997 kümmert sich der Burgverein um die kulturelle Pflege des mittelalterlichen Gebäudes.

Kahla und die Leuchtenburg

Über 1100 Jahre reicht die Geschichte Kahlas zurück. Die Altstadt liegt auf einer Felsplatte über dem Saaletal. Von besonderer Bedeutung ist die aus dem 12. Jahrhundert stammende Stadtmauer mit neun Türmen und den weitestgehend noch erhaltenen *Ackerbürgerhäusern* aus dem Mittelalter in der Altstadt. Einer der erhaltenen Stadttürme ist der *Malz- oder Darrturm*, in dem früher das zum Brauen benötigte Malz gedarrt wurde.

Abb. 150: Kirche und Stadtmauer

Abb. 151: Malz- und Darrturm mit Leuchtenburg

Von der einstigen Burganlage sind nur noch Reste vorhanden.

Abb. 152:Kirche St. Margarethen

Abb. 153: Burggebäude mit Darrturm

Prägend für das Stadtbild ist die *Stadtkirche St. Margarethen* aus dem 15. Jahrhundert, mehrfach umgebaut und im 17. Jahrhundert mit einem gotischen Schiff erweitert. In der Kirche soll Martin Luther im August des Jahres 1524 gepredigt haben.

Abb. 154: Turmuhr

Eine Besonderheit ist die an zwei Turmseiten angebrachte Sonnenuhr mit den Zahlen 1 bis 7 auf der einen und 7 bis 4 auf der anderen Turmseite.

Am Marktplatz steht das Rathaus mit Teilen aus dem 14. Jahrhundert. Davor wurde an der Stelle eines früheren Brunnens der *Margarethenbrunnen* errichtet, der die Heilige Margarethe beim siegreichen Kampf über einen Drachen zeigt.

Abb. 155: Rathaus

Abb. 156: Margarethenbrunnen

Seit 1843 wird in Kahla Porzellan hergestellt und die Tradition wird bis heute im Betrieb der KAHLA / Thüringen Porzellan GmbH weitergeführt.

Abb. 157: Porzellanfabrik 1906

Abb. 158: Koch'sche Porzellanfabrik auf Porzellanteller

Weithin sichtbar hoch über dem Saaletal thront auf dem 400 m hohen Bergkegel aus Muschelkalk die *Leuchtenburg*, die Königin des Saaletals. Sie ist eine der schönsten deutschen Höhenburgen. Als Raubritterburg der Herren von Lobdeburg um 1221 errichtet, geriet sie vom 14. bis zum 18. Jahrhundert unter wettinische Herrschaft der ernestinischen Linie und war Verwaltungsmittelpunkt der im weiten Umkreis liegenden Dörfer.

Abb. 159: Leuchtenburg

Abb. 160: Bergfried mit Münzturm

Die erhaltene Wehranlage mit doppelten Mauern, Wallgraben und vier Wehrtürmen wurde ab dem 16. Jahrhundert als Gefängnis für Strafgefangene genutzt. Das setzte sich fort bis ins 18./19. Jahrhundert in der Nutzung als Zuchthaus, Irrenanstalt und Armenhaus. Später wurden in der Burg eine Jugendherberge, Gaststätten, ein Hotel und ein Museum eingerichtet.

Abb. 161: Tänzerin

Die *Porzellanwelten* in den historischen Räumen der Burg sowie in dem modernen Anbau erzählen von der Geschichte des „weißen Goldes“. Bereits am Eingang wird mit der größten Vase der Welt darauf aufmerksam gemacht. Von internationalen Künstlern wurden sieben interaktive Erlebniswelten zum Thema „Porzellan“ gestaltet.

Abb. 162/163: Größte Porzellanvase der Welt

Abb. 164: Raum „Glanzwelten“

Auf der Burg gibt es von dem neu erbauten Skywalk einen schönen Panoramablick in das Saaletal und auf die Thüringer Landschaft. Es soll Glück bringen, von hier einen Porzellanteller in den Abgrund zu werfen.

Abb. 165: Blick vom Bergfried auf den Skywalk und Jena

Abb. 166: Porzellanwerfen vom Skywalk

Sehenswert ist der Rittersaal mit der Ahnengalerie des Herrschergeschlechts der Lobdeburger Herren. Alljährlich werden auf dem Gelände der *Leuchtenburg* Ritterturniere und Mittelalterfeste veranstaltet.

Abb. 167: Burgmauer mit Wehrturm, Skywalk und Museumsgebäude

Abb. 168: Kernburg mit Bergfried und Wehrturm

Jagdschloss Hummelshain

Zwischen Kahla und Jena, etwas abseits von der Saale, liegt das Jagdschloss *Hummelshain.*

Herzog Ernst I. regierte das Herzogtum Sachsen-Altenburg über 50 Jahre und ließ von 1880 bis 1885 das Jagdschloss *Hummelshain* durch die Berliner Architekten Eberhardt von Ihnen und Paul Stegmüller errichten. Der Architekt von Ihnen war der Hofarchitekt von Kaiser Wilhelm II. und baute im Auftrag des Kaisers berühmte Gebäude in Berlin, wie die Staatsbibliothek *Unter den Linden*, den *Marstall*, den *Kaiserbahnhof* in Potsdam und als Glanzstück das *Bodemuseum* auf der Museumsinsel.

Für die Außenverkleidung des Jagdschlosses wurde Sandstein aus Posterwitz ausgewählt. Die Innengestaltung zeigt reich verzierte Wand- und Deckenvertäfelungen, aus kostbarem Material gestaltete Kamine und eine technisch anspruchsvolle Wasserversorgung. Der Herzog besuchte mit seinen Gästen das Schloss vorwiegend zur Jagdsaison und in den Sommermonaten. Kaiser Wilhelm II. war 1891 und 1894 zu Gast im Schloss.

Abb. 169: Jagdschloss Hummelshain vor der Sanierung

Abb. 170: Bronzene Hirschgruppe im Schlosspark

Zum 70. Geburtstag von Herzog Ernst I. wurde als Geschenk seiner Untertanen eine aus Bronzeguss hergestellte Hirschgruppe im Park nahe am Schloss aufgestellt.
1918 ging das Schloss in den Besitz des Freistaates Sachsen-Altenburg über.

In den letzten Kriegsjahren des Zweiten Weltkrieges diente das Schloss als Lazarett für Rüstungsbetriebe. Von 1952 bis 1992 wurde ein Jugendwerkhof auf dem Gelände betrieben und die Anlage verfiel zusehends.

Der Freistaat Thüringen übernahm die Anlage ab 1992. Seit 2012 werden Sanierungsmaßnahmen über eine Bauzustandsanalyse vorbereitet. Die Arbeiten sollten noch im Jahre 2017 beginnen. Von Bund und Land werden dafür 1,53 Mio. Euro Fördermittel bereitgestellt.

Jagdanlage Rieseneck

Ein besonderes Kleinod liegt im Waldgebiet zwischen Kleineutersdorf und Hummelshain inmitten von Nadelbäumen und Laubbäumen, die barocke Jagdanlage *Rieseneck*, ein Denkmal der Jagdkultur und -geschichte des 18. und 19. Jahrhunderts.
Die Jagdanlage in der heutigen Form entstand von 1712 bis 1727. Bis in die zweite Hälfte des 18. Jahrhunderts nutzten die Gothaer Herzöge das Anwesen. Eingerichtet für herzogliche Jagden wurde ein ausgedehntes System von Gräben, Mauern und Tunneln geschaffen, wo das Wild angefüttert und aus der Deckung in den Gräben und Tunneln heraus erlegt wurde.

Abb. 171: Eingangsbereich der Jagdanlage Rieseneck

Abb. 172: Pirschgang

Der deutsche Kaiser Wilhelm II. nahm auf Einladung der Herzöge von Sachsen-Altenburg in den Jahren 1891 und 1894 an den Jagden teil.

In der Nähe der Jagdanlage ließ Herzog Ernst II. ab 1915 nach dem Vorbild eines kleinen Schlösschens bei Rothenburg ob der Tauber das Jagdhaus *Herzogsstuhl* im Fachwerkstil errichten.

Abb. 173: Jagdhaus „Herzogsstuhl“

Abb. 174: Herzogenstube

Die oberen drei Geschosse dienten Wohnzwecken und die unteren als Aufenthaltsräume der Jagdgesellschaften. Bis 1943 haben der Herzog und seine beiden Söhne, die Prinzen von Sachsen-Altenburg, die Anlage als Jagdpächter genutzt. Seit 1992 ist das Jagdhaus Eigentum der Gemeinde Kleineutersdorf. Ein Freundeskreis betreibt die Erhaltung und Nutzung des *Herzogsstuhls*.

Jena

Jena ist eine bedeutende Universitäts- und Industriestadt mit High-Technology für optische Geräte und Glaserzeugnisse. Sie hat durch bekannte Industrielle und Forscher wie Carl Zeiss, Ernst Abbe und Otto Schott Weltruhm erlangt.

Abb. 175: Blick vom Jentower auf die Stadt

Abb. 176: Michaeliskirche

Abb. 177: Markt mit Kurfürstendenkmal und Kirchturm

Jena wurde erstmals im Jahre 1236 das Stadtrecht verliehen. Aus dieser Zeit erhalten geblieben ist der *Pulverturm* als Teil der Stadtmauer und Lager für Schießpulver. Ferner gehören zum alten Stadtkern das Rathaus von 1380 sowie die *Michaeliskirche*. Martin Luther predigte 1524 in der Stadtkirche und versuchte, Streitigkeiten zwischen der Geistlichkeit und den Bürgern der Stadt zu schlichten.

Abb. 178: Jentower mit Pulverturm

Stadtbestimmend ist seit jeher die *Universität Friedrich Schiller* mit ca. 20.000 Studenten aus vielen Ländern. Um 1557 wurde durch Erlass des Kurfürsten Johann Friedrich, der Großmütige, von Sachsen die *Alma Mater Jenensis* als Universität beurkundet. Berühmte Persönlichkeiten der Natur- und Geisteswissenschaften wie Gottlieb Fichte, Wilhelm Hegel, Clemens Brentano, Wilhelm Hufeland, Wilhelm von Humboldt und natürlich Friedrich Schiller und Johann Wolfgang von Goethe prägten den Geist der Stadt.

Abb. 179: Universitätshauptgebäude

Ab 1789, dem Jahr der Französischen Revolution, war Friedrich Schiller Professor an der Universität. In seiner Jenaer Zeit schuf Schiller bedeutende literarische Werke wie „Das Lied von der Glocke", „Maria Stuart", „Wallensteins Lager", „Der Taucher" und „Die Jungfrau von Orleans". Goethe hat in Jena an seinem „Faust" gearbeitet sowie „Dichtung und Wahrheit" geschrieben. In der Zeit von 1775 bis 1830 betrieb er in Jena zahlreiche botanische, mineralogische und anatomische Forschungen.

Abb. 180: Schillerhaus mit Garten

Abb. 181: Schillerbüste

Abb. 182: Gingko-Baum im Botanischen Garten

Auch der *Botanische Garten* mit dem berühmten Ginkgo-Baum ist auf seine Initiative hin entstanden. In der Zeit zwischen 1790 und 1794 wurde auf Veranlassung von Goethe der Ginkgo-Baum gepflanzt. Damit ist der Baum einer der ältesten in Europa erhaltenen Exemplare. Die Heimat der Bäume ist eine Gegend im Südosten Chinas. In China und Japan wird der Ginkgo seit jeher als Kulturbaum verehrt. Goethe ließ auch in Weimar im Jahre 1813 Ginkgo-Bäume anpflanzen. Auf einer Fläche von 4,5 ha wachsen heute im *Botanischen Garten* von Jena über 12.000 Pflanzen und Gehölze aus allen Erdteilen im Freigelände und in den Gewächshäusern.

Die Gegend um Jena an der *Mittleren Saale* ist eine reizvolle Landschaft mit Muschelkalkbergen und tiefen Tälern mit von Botanikern entdeckten 27 Orchideenarten. Diese finden sich vor allem im *Leutratal* mit seiner artenreichen Flora. Es ist ein geschütztes Tal mit Rotbuchenwäldern auf kalkreichen Böden und einer seltenen Vielfalt heimischer Tiere.

Abb. 183: Orchidee in der Umgebung von Jena

Abb. 184: Wollziest beim Napoleonstein

Napoleon I. zog 1806 mit seinen Truppen durch die Stadt und schlug in insgesamt fünf Schlachten am 13. und 14. Oktober 1806 im nahegelegenen Auerstädt-Hassenhausen die Preußische Armee von Friedrich III. vernichtend. Bei den Kämpfen waren über 230.000 Soldaten beteiligt, 35.000 Mann verloren ihr Leben. Zum Gedenken wurde bei Jena auf dem strategisch wichtigen Punkt auf dem *Windknollen* der *Napoleonstein* errichtet, von dem Napoleon die Stellungen der Preußischen Armee überschaute und seine Angriffe plante. Im nahegelegenen Ort Cospeda wurde ein Museum mit Erläuterungen und Dioramen zur Schlacht eingerichtet. Wo damals die Erde vom Blut der Soldaten getränkt wurde, erfreut heute ein Mohnfeld die Besucher.

Abb. 185: Mohnfeld beim Napoleonstein

Abb. 186: Napoleonstein

Carl Zeiss, der Pionier der Feinmechanik und Optik, richtete 1846 in Jena seine erste feinmechanische Werkstatt für optische Geräte ein, aus der später der Weltkonzern Zeiss AG wurde. Gemeinsam mit seinen Partnern, dem Glasspezialisten Otto Schott und dem Physiker Ernst Abbe, prägte er im 19. Jahrhundert die Geschichte der Stadt auf wissenschaftlichem Gebiet. Gemeinsam mit Ernst Abbe und Otto Schott gründete Carl Zeiss im Jahre 1884 das Jenaer Glaswerk, die heutigen Schottwerke. Damit war auch für Jena das industrielle Zeitalter angebrochen.

Davon zeugen die berühmten *Zeiss-Werke*, das im Jahre 1926 eingeweihte *Zeiss-Planetarium* als ältestes Planetarium der Welt, das *Optische Museum* mit 13.000 Ausstellungsstücken und das *Abbe-Denkmal*, das *Schott-Glasmuseum* sowie der *Jentower*, ein in den Jahren 1971/72 errichtetes Forschungszentrum. Das *Ernst-Abbe-Denkmal* wurde von den berühmten Künstlern Henry van der Velde, Max Klinger und Constantin Meunier geschaffen.

Abb. 187: Optisches Museum

Abb. 188: Ernst-Abbe-Denkmal

Abb. 189: Zeiss-Planetarium

Das *Zeiss-Planetarium* gewährt Einblicke in die unendlichen Weiten des Kosmos und macht Astronomie für jedermann erlebbar.

Der *Jentower* ist mit 128 m Höhe an der Aussichtsplattform und 34 m Durchmesser, von den Jenaern liebevoll „Keksrolle“ genannt, heute das weithin sichtbare Wahrzeichen der Stadt. Er soll ein Fernrohr symbolisieren.

Heute existiert neben den Zeiss-Werken die Jenoptik GmbH, die für die Strukturpolitik der Region verantwortlich ist. Der Jenoptik-Konzern ging im Zuge der deutschen Wiedervereinigung im Jahre 1991 aus dem damaligen Kombinat VEB Carl Zeiss hervor. Jenoptik hat mehrere Standorte in Deutschland und ist weltweit in über 70 Ländern präsent. Produktionsstandorte sind die USA, Frankreich und die Schweiz. Ferner gibt es Konzernbeteiligungen in China, Japan und Korea. Das Produktionsprofil sind optische Systeme, industrielle Messtechnik und Lasermaterialbearbeitung. Kunden des Konzerns sind die Luft- und Raumfahrtindustrie, die Halbleiterindustrie und Betriebe des Verkehrswesens. Industrienahe Forschungseinrichtungen wie das Max-Planck-Institut und die Fraunhofer-Gesellschaft haben sich in Jena angesiedelt. Ein weiteres Großunternehmen ist die Jenapharm AG als Teil der Bayer AG mit Sitz im denkmalgeschützten Gebäude *Zeiss Bau 23*.

Abb. 191: Jenoptik-Hochhaus

Abb. 192: Zeiss Bau 23

Die Zeiss-Werke waren früher im Stadtzentrum angesiedelt. Die alten Werkhallen wurden in Verbindung mit einem Glasneubau zur Shoppingmeile „Goethegalerie" umgestaltet. Das neue Zeiss-Werk entstand im Westen der Stadt.

Abb. 193: Goethegalerie mit altem Zeiss-Werk

Abb. 194: Neues Zeiss-Werk

Fuchsturm

Hoch über Jena auf dem Hausberg steht der Bergfried der ehemaligen *Burg Kirchberg*. Einst gab es auf dem Hausberg nahe beieinanderliegend vier Burgen: die *Burg Greifenberg*, die *Reichsburg Kirchberg*, die Wettiner *Burg Kirchberg* und die *Wintburg*. Die erste urkundliche Erwähnung der *Kirchburg* stammt aus dem Jahr 937. Nachweislich gab es Aufenthalte von mehreren deutschen Herrschern im Zuge der Notwendigkeit der Sicherung ihrer Herrschaftsansprüche auf den Burgen. Demnach verweilte Otto II. in den Jahren 973 und 976 dort, Otto III. in den Jahren 989 und 1000 sowie Heinrich II. 1002 und 1009. Nach 1470 verlagerten die Burggrafen ihren Verwaltungssitz in die Stadt Jena und die Burgen waren dem Verfall und Abriss freigegeben. Heute bemüht sich die Fuchsturmgesellschaft e.V. mit der Stadt Jena um den Erhalt des Baudenkmals *Fuchsturm* mit einer Ausflugsgaststätte.

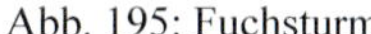

Abb. 195: Fuchsturm

Abb. 196: Kirchberg mit Fuchsturm (historische Ansicht)

Abb. 197: Turm und Gaststätte auf dem Berg

Abb. 198: Blick vom Turm auf Jena

Abb. 199: Rittersaal

Burgruine Lobdeburg und Ruine Kunitzburg

Im Stadtgebiet von Jena liegen auf den Kernbergen die *Lobdeburg* und auf dem *Großen Gleißberg* die *Kunitzburg* als verlassene Burgruinen.

Mitte des 12. Jahrhunderts wurde die *Lobdeburg* als Herrschaftssitz des Adelsgeschlechtes Auhausen errichtet. Die erste urkundliche Erwähnung der Herren von Lobdeburg ist datiert auf das Jahr 1166. Sie dehnten ihren Machtbereich im *Mittleren Saaletal* aus und gründeten die Städte Jena, Lobeda, Kahla und Neustadt. Die *Lobdeburg* kam 1344 in den Besitz der Markgrafen von Meißen und wurde im Sächsischen Bruderkrieg von 1450 zerstört und danach nicht mehr bewohnt. Erhalten geblieben sind in der Ruine im Obergeschoss des spätromanischen Wohnturms die Vierfach-Arkadenfenster und in der Kapelle zwei Rundbogenfenster.

Abb. 200: Burgruine Lobdeburg:

Abb. 201: Innenansicht der Ruine

Seit 1990 wird die Ruine durch die Stadt Jena schrittweise saniert und dabei von archäologischen Grabungen begleitet. Bei seinen Aufenthalten in Jena soll Goethe die Ruine im Jahre 1801 besucht haben. Heute führt der Radwanderweg von der Saale bis zur Burgruine.

Abb. 202: Radwanderer an der Lobdeburg

Die *Kunitzburg* als ursprüngliche Reichsburg stammt aus dem 12. Jahrhundert. 1261 findet sich eine erste urkundliche Erwähnung als Sitz der Herren von Gleisberg. Um 1378 ging die Burg in den Besitz der Wettiner Fürsten über. Am Ende des Sächsischen Bruderkrieges im Jahre 1451 wurde die Burg zerstört und nie wiederaufgebaut. Heute sind noch Teile des Palas und des Bergfrieds sowie Reste des Grabens erhalten.

Abb. 203: Turm und Mauerreste von unten

Abb. 204: Turm und Mauerreste innen mit Radwanderern

Seit 1990 kümmert sich der Freundeskreis Kunitzburg e.V. um die Erhaltung der Wanderwege und die Pflege der Burg.

Hufeisenförmig umschließt der Muschelkalk das Tal von Kunitz. Hier bietet sich eine schöne Wandermöglichkeit von der *Kunitzburg* bis zum *Jenzig* auf dem Wanderweg *Saale-Horizontale*. Die *Saale-Horizontale* ist ein 74 km langer Wanderweg, der auf teils schmalen Wegen an steilen Felskanten und über sanfte Hügel beiderseits der Saale entlang von Jena bis Dornburg und zurück führt.

Dornburg

Schon von Weitem leuchten saaleabwärts die drei *Dornburger Schlösser* auf den steil zur Saale abfallenden Muschelkalkfelsen. Sie werden treffend als „Balkon Thüringens“ bezeichnet. Hoch über der Saale gelegen bieten die Terrassen einen wunderschönen Ausblick auf das *Mittlere Saaletal*.

Abb. 205: Drei-Schlösser-Ansicht

Die von Goethe in den Jahren 1776 bis 1828 oft besuchte Anlage besteht aus dem *Alten Schloss*, dem *Rokokoschloss* und dem *Renaissanceschloss* und gehört zu den schönsten Denkmalensembles Deutschlands. Das harmonische Zusammenspiel der Architektur der Schlösser und der Landschaft an der Saale beeindruckte einst auch Goethe und zieht heute noch Tausende Besucher an. Goethe schätzte die Anlage wegen seiner Bauten unterschiedlicher Stilepochen, der weitläufigen Gartenanlagen und des herrlichen Blicks ins Tal.

Abb. 206: Weg unterhalb der Schlösser

Abb. 207: Rokokoschloss

Die *Dornburger Schlösser* waren der Sommersitz der Weimarer Herzogsfamilie. Durch umsichtige Restaurierung und historisch getreue Ergänzungen an Gebäuden und in den Gärten behielt die gesamte Anlage ihren ursprünglichen Charakter. Durchgehende Terrassenwege an den mit Weinreben bepflanzten Hängen am Steilufer der Saale verbinden die drei in unterschiedlichen Epochen erbauten Schlösser. Das älteste, im Stile der Renaissance erbaute *Alte Schloss* ist durch den Umbau einer hochmittelalterlichen Burg um 1560 bis 1574 entstanden. Um 1740 kam das unter Herzog Ernst August von Sachsen-Weimar errichtete *Rokokoschloss* dazu. Hinter der vielgliedrigen Fassade gibt es prächtige Räume wie den Festsaal mit farbkräftigem Stuckmarmor. Die Möbel und die Ausstellungsstücke fügen sich zu einem Gesamtbild höfischer Welt und der Lebensweise des 18./19. Jahrhunderts.

Abb. 208: Festsaal im Rokokoschloss

Abb. 209: Speisesaal im Rokokoschloss

Abb. 210: Renaissanceschloss

Mit dem Umbau eines ehemaligen Gutshauses aus dem 16. Jahrhundert ließ Großherzog Carl August von Sachsen-Weimar ein *Renaissanceschloss* gestalten. Damit erweiterte der Großherzog das Angebot an Wohnräumen für die herzogliche Familie als Sommerresidenz. Bereits im Jahre 1928 wurde in dem Schloss eine Goethe-Gedenkstätte eingerichtet. Seit den Jahren 1995 bzw. 2009 gehören die drei Schlösser zur „Stiftung Thüringer Schlösser und Gärten“.

Aus den drei unterschiedlichen Schlössern und Gärten wurde unter Nutzung der Terrassengärten am *Rokokoschloss* ein neues Gesamtensemble mit Landschaftsgarten, Rosenspalieren, Baumgruppen und Blumenbeeten geschaffen. Es verbindet den Landschaftspark am *Renaissanceschloss* mit den Parterres um das *Rokokoschloss* und das *Alte Schloss*.

Abb. 211: Park am Rokokoschloss

Jährlich am letzten Juniwochenende findet das traditionelle *Rosenfest* statt. Der Schlosspark steht dann in voller Rosenblüte. Zu seinem Geburtstag im Jahre 1873 wurde der Großherzog von Sachsen-Weimar und Eisenach geehrt. Ein Mädchen überreichte ihm Blumen und Geschenke für die Armen. Daraus entstand ein Volksfest mit der Krönung einer Rosenkönigin.

Der Ort Dornburg wird bereits um 939 erwähnt und hat ein historisches Marktensemble sowie eine über 100 Jahre alte Stahlbogenbrücke – ein technisches Denkmal deutscher Stahlbaukunst –, die mit je drei Bögen zu ca. 42 m Breite die Saale überspannt.

Camburg

Zwischen Jena und Naumburg gelegen, im *Mittleren Saaletal* im Saale-Holzland-Kreis, liegt der Ort Camburg. Helle Kalksteinfelsen und der 37 m hohe Bergfried prägen das Bild des Ortes. Burg und Ort wurden erstmals 1116 urkundlich als Besitz der Markgrafen von Meißen erwähnt. Die Burg diente im Mittelalter auch der Überwachung der Holzflößerei auf der Saale. Heute bilden die bisher selbstständigen Kommunen Dornburg und Camburg eine gemeinsame Stadt.

Der Ort wird durch die Saale in zwei Teile getrennt. Markant erhebt sich auf einem hellen Kalksteinfelsen die *Camburg* mit dem Bergfried. Die Burganlage *Camburg* ist das Wahrzeichen der 3.000 Einwohner zählenden Stadt. Der 800 Jahre alte Bergfried mit seiner Turmspitze gewährt einen reizvollen Ausblick auf die Stadt und das Saaletal.

Abb. 212: Bergfried

Abb. 213: Burg und Fachwerkhäuser

In der historischen Altstadt steht die *Kirche St. Laurentius* mit einem reich verzierten Altar aus dem Jahre 1712.

Etwa 1,5 km entfernt von der Stadt im Buchen-Eichen-Bestand des *Stöbener Waldes* findet man die *Cyriaksruine* aus dem 12. Jahrhundert. Es sind nur noch Mauerreste der einstigen romanischen Basilika mit einschiffiger Halle und eckigem Chorabschluss vorhanden. In dem umgebenden Wäldchen blühen im Frühjahr weiße Anemonen und Leberblümchen.

Abb. 214: Ruine der Cyriakskirche

Abb. 215: Anemonen und Leberblümchen an der Ruine

Abb. 216: Schloss Tümpling

Auf einer Anhöhe auf der gegenüberliegenden Saaleseite liegt der Ortsteil Tümpling mit einem kleinen Schloss in Privatbesitz. Das Gebäude ist von einem kleinen Garten und Park umgeben. Es ist schon seit 1300 im Besitz der Familie Tümpling. Die Herren von Tümpling traten als Kastellane der *Burg Camburg* auf.

Über Jahrhunderte sicherten die Holzflößerei und die Holzmessen einen bescheidenen Wohlstand der Einwohner. Seit 1998 wird die Saaleflößerei für touristische Zwecke von Camburg bis zur Ilmmündung in Großheringen betrieben. Auch Wasserwanderer und Kanuten nutzen die Strecke bis Bad Kösen.

Naturliebhaber, Rad- und Wasserwanderer finden an der Saale Entspannung und Erholung, z.B. bei Schlauchbootfahrten.

Abb. 217: Mit dem Schlauchboot auf der Saale

Abb. 218: Sonnenuntergang an der Saale

Bad Kösen mit Rudelsburg und Burg Saaleck

Bei Bad Kösen in der Gegend von Rudelsburg und Saaleck durchbricht die Saale die Muschelkalkberge des Thüringer Hügellandes an der *Kösener Pforte*. Kösen war im Mittelalter ein Fischer- und Flößerdorf. Bereits im 15. Jahrhundert wurde Kösen zur Hauptflößstation für das Rohholz aus den flussaufwärts liegenden Wäldern des *Thüringer Schiefergebirges* und zum Handelsplatz für Holzauktionen. 250 Jahre lang war hier die Hauptzollverwaltungsstelle für die Flößerei. Mit der Entdeckung und Erschließung der Solequellen im 18. Jahrhundert begann der Aufstieg von Kösen zu einem Kurbad.

Die salinetechnischen Anlagen in Bad Kösen, erbaut unter Anleitung des Bergrates Johann Gottfried Borlach in den Jahren ab 1730, sind in ihrer Komplexität einmalig. Das Wahrzeichen ist der um 1731 erbaute *Borlachturm* mit dem abgeteuften Soleschacht in 175 m Tiefe.

Abb. 219: Borlachhaus mit Kunstgestänge

Das Gradierwerk mit einer Länge von 320 Meter und den umlaufenden Emporen für die Freiluftinhalation ist ein Ort der Erholung. Die Sole aus dem *Borlachschacht* mit einer Konzentration von 5,26 % wird über ein 180 m langes, hölzernes Doppelkunstgestänge und ein 138 m langes Gabelschwunggestänge zum Gradierwerk befördert, tröpfelt über Schwarzdornhecken zur Verdunstung und erzeugt so die salzhaltige Luft. Der Antrieb für das Kunstgestänge erfolgt durch das Wasserrad auf der Radinsel in der Saale. Die Konstruktion ist ein europaweit einzigartiges technisches Denkmal.

Abb. 220: Gradierwerk

Abb. 221: Kunstgestänge am Borlachhaus

Die heilkräftige Wirkung der Sole, das günstige Klima und die umliegenden Weinberge haben die Entwicklung des Ortes ab dem 19. Jahrhundert zum beliebten Kur- und Erholungsort mit Kurbad und Heilkliniken vorangetrieben. Ab 1829 begann der gewerbliche Badebetrieb mit drei großen Badeanstalten. Bad Kösen verfügt heute über mehrere Kurkliniken mit angeschlossenen Therapiezentren, ein Solethermalbad, eine Salzgrotte und einen wunderschönen Kurpark. Die Einrichtungen sollen die Heilung und Rehabilitation der Patienten gewährleisten.

Abb. 222: Käthe-Kruse-Puppen

Die Herstellung von Spielzeug hat in Bad Kösen durch die weltbekannte Puppengestalterin Käthe Kruse eine 100-jährige Tradition. Im Jahre 1912 gründete Käthe Kruse hier ihre Puppenwerkstatt. Bis zum Jahre 1950 wurden hier über 100.000 Puppen hergestellt, die sogar auf der Weltausstellung 1937 in Paris zu sehen waren.

Seit 1993 gibt es im *Romanischen Haus*, einem der ältesten Wohnhäuser und ehemaligen Zisterzienser-Kloster aus dem 11./12. Jahrhundert, eine „Ausstellung zur Geschichte der Puppenherstellung" mit der weltweit größten Sammlung von 250 Käthe-Kruse-Puppen im Bestand sowie Bad Kösener Plastikspielzeug aus der DDR-Zeit.

Das *Romanische Haus*, erbaut von 1150 bis 1175, gilt als das älteste, noch erhaltene Steinbauwerk im klösterlichen Besitz in Mitteldeutschland und gehört zur Straße der Romanik.

Die Bad Kösener Spielzeugmanufaktur setzt mit der Herstellung von Stoffpuppen und Plüschtieren diese Traditionslinie fort. Im November 2013 wurde eine gläserne Werkstatt als *Kösener Spielzeugerlebniswelt* eingerichtet.

Ein beliebter Wanderweg führt von der Stadt über das Gradierwerk durch den Wald zur *Rudelsburg*. Einen besonders schönen Anblick bieten die Saalehänge im Herbst. Hoch über der Stadt ragen die Burgruinen der *Rudelsburg* und der *Burg Saaleck*. Sie zählen zu den markantesten Burgen an der Saale und sind seit der Zeit der Romantik Symbole für freiheitliches Gedankengut. Die *Rudelsburg* erhebt sich auf einem Muschelkalkberg 92 m über der Saale.

Abb. 223: Herbst an der Saale

Abb. 224: Rudelsburg und Burg Saaleck im Abendlicht

Die *Burg Saaleck* liegt niedriger, etwa 500 m westlich von der *Rudelsburg*. Beide Burgen sind durch eine natürliche Schlucht getrennt. Sie weisen charakteristische Details romanischer Baukunst wie Türme, Kamine und Palas auf.

Die romanische *Rudelsburg* wird 1171 erstmals erwähnt und war im Besitz der Markgrafen von Meißen. Erste Zerstörungen gab es 1348 durch die Naumburger Bürgerschaft und 1450 im Zuge des Sächsischen Bruderkrieges zwischen den Kurfürsten Wilhelm und Friedrich von Sachsen. Die Burg diente im Mittelalter dem Schutz des Handelsweges Via Regia. Im Dreißigjährigen Krieg wurde die Hauptburg durch schwedische Truppen zerstört und blieb lange Zeit unbewohnt.

Auf der *Rudelsburg* schrieb 1826 der Berliner Student Franz Kugler nach einer Wanderung um die Burgen das berühmte Lied „An der Saale hellem Strande stehen Burgen stolz und kühn, ihre Dächer sind zerfallen ...“.

Abb. 225: Eingangsbereich der Rudelsburg

Abb. 226: Kugler-Gedenktafel

Nach den Befreiungskriegen gegen die napoleonische Fremdherrschaft versammelten sich die im Wesentlichen aus Studenten der Universitäten Jena, Leipzig und Halle bestehenden Burschenschaften auf der *Rudelsburg*. Der ursprüngliche Palas im Obergeschoss wurde zum Rittersaal umgebaut, in dem 14 Bilder zur Nibelungensage gezeigt werden.

Abb. 227: Rudelsburg mit Eisenbahnbrücke und Saale

Auf *Burg Saaleck* wurde 1819 der erste Geschichtsverein Deutschlands gegründet, in dem auch Goethe, die Gebrüder Grimm und Friedrich Schinkel Ehrenmitglieder waren. Erbaut wurde die Burg um 1050 als Grenzburg gegen den Einfall der Slawen. Die Burg bestand aus einer Hauptburg, der Oberburg und der Vorburg als untere Burg. Dazwischen lagen der Burgbrunnen mit einem Schacht bis auf Niveau der Saale und Wohngebäude. Umgeben waren die Burganlagen von Ringmauern.

Abb. 228: Rudelsburg und Burg Saaleck im Herbst

Beide Burgen dienten im Mittelalter der Kontrolle des Handelsweges von Frankfurt/M. nach Leipzig. Nach dem Dreißigjährigen Krieg verfielen die Burganlagen und wurden teilweise von den Bauern aus der Umgebung als Steinbruch genutzt. Heute sind von der großen Burganlage der *Burg Saaleck* nur noch die Bergfriede der Hauptburg und der Brunnen erhalten. Im Westturm ist eine Außenstelle des *Kösener Heimatmuseums* eingerichtet. Die *Rudelsburg* ist seit 1991 nach umfangreicher Sanierung mit seiner Burggastronomie und dem herrlichen Ausblick ins Saaletal und in die Thüringer Hügellandschaft wieder Anziehungspunkt für Besucher.

Abb. 229: Blick durch das Fenster in den Hof der Rudelsburg

Abb. 230: Blick von der Burg ins Saaletal

Saale-Unstrut-Region

Die romantischen Flusstäler von Saale und Unstrut mit dem mediterranen Flair und einer einmaligen Kulisse von Weinbergen, Steinterrassen und jahrhundertealten Trockenmauern mit romantischen Weinberghäusern, Obstwiesen und kleinen Ortschaften kennzeichnen die Region.

Die Kulturlandschaft an Saale und Unstrut erhielt in der Zeit des Hochmittelalters um 1000 bis 1300 ihre bis heute sichtbare Prägung in Form herausragender Bauwerke und Gestaltung der Landschaftsbilder.

Abb. 231: Muschelkalkfelsen an der Saale

Dabei wechseln Straußenwirtschaften und Gutsschänken an geschichtsträchtigen Orten einander ab. Seltene Tier- und Pflanzenarten sind hier heimisch, wie wilde Orchideen, Heidevegetation auf den warmen Muschelkalkbergen, verschiedene Grasarten, Rispengras, Flockenblume und Wiesensalbei. In der Vogelwelt sind es Rotmilane, der Eisvogel und Haubentaucher.

Abb. 232: Wiesensalbei

Abb. 233: Haubentaucher

Abb. 234: Wiesenblume

Abb. 235: Eisvogel (Bestes Foto beim MZ-Fotowettbewerb 2012)

Malerische Flusstäler von Saale und Unstrut prägen das 750 ha große Qualitätsweinanbaugebiet. Schon vor über 1.000 Jahren betrieb das Kaiserreich der Ottonen den Weinanbau in dieser Gegend. Die über Jahrhunderte kultivierte Landschaft mit Weinbergen und historischen Burgen ist Deutschlands nördlichstes Weinanbaugebiet.

Auf den Spuren der Weinkultur wandert man auf dem Weinlehrpfad durch die malerische Landschaft zu den idyllischen Weindörfern.

Abb. 236: Weingut in den Saalhäuser Weinbergen

Alljährlich am 03. Oktober findet eine Weinbergwanderung entlang des Blütengrundes durch die Weinberge statt. Über 60 Rebsorten werden auf den Weinhängen angebaut, wie Müller-Thurgau, Weißburgunder oder Blauer Zweigelt. Das ausgewogene Klima, der Muschelkalk und die große Erfahrung der Winzer formen Weine der Spitzenklasse. An den klimatisch begünstigten Hängen beider Flüsse wachsen kräftige und vollmundige Weine heran.

Geselligkeit und Unterhaltung bieten die stimmungsvollen Weinfeste in der Region. Alljährlich zu Pfingsten lockt die *Weinmeile* von Bad Kösen bis Roßbach entlang der Saale viele Besucher in die Weingüter. Die *Tage des offenen Weinkellers und der Weinberge* Anfang August ziehen ebenfalls Tausende Gäste an.

Es ist zugleich eine der reichsten Regionen mit Burgen und Schlössern in Deutschland, wie die *Rudelsburg* und *Burg Saaleck*, das *Romanische Haus* in Bad Kösen, die *Neuenburg* bei Freyburg, die *Schönburg* und *Schloss Goseck*, das Zisterzienser-Kloster *Pforta* und natürlich der *Naumburger Dom St. Peter und Paul*. Das Hochmittelalter hat seine Spuren in der Region hinterlassen.

Abb. 237: An der Weinmeile

Mit dem Titel „Der Naumburger Dom und die hochmittelalterliche Herrschaftslandschaft an Saale und Unstrut“ bewirbt sich die Region nach Ablehnung von zwei Anträgen erneut um die Aufnahme in die Liste des UNESCO-Weltkulturerbes, diesmal mit dem Hauptthema „Naumburger Dom“.

Abb.238: Unstrutnixe

Im malerischen *Blütengrund* bei Großjena mündet die Unstrut in die Saale. Hier ist der Ausgangspunkt für den Ausflugsverkehr mit historischen Schiffen wie der „Unstrutnixe“, der „Fröhlichen Dörte“ und der „Reblaus“ auf der Unstrut bis nach Freyburg.

Abb. 239: Radwanderer an der Fähre im Blütengrund

Abb. 240: Rastplatz am Radweg im Blütengrund

Abb. 241: Weinberg mit Unstrutmündung

Eine Besonderheit ist in der Nähe zu besichtigen, das *Steinerne Album* am *Markgrafenberg*, ein Kulturgut höchsten Ranges aus dem Jahre 1722. Das Relief wurde in den Buntsandstein gehauen und zeigt auf 200 m Länge in zwölf überlebensgroßen Bildern biblische Szenen aus dem Alten Testament zum Weinanbau.

Abb. 242-244: Steinernes Album

Einen herrlichen Blick auf die Saale-Unstrut-Region mit der Wassermühle *Zeddenbach*, der Stadt Freyburg und der *Neuenburg* genießt man von den Weinbergen am *Kloster Zscheiplitz*.

Abb. 245: Blick von Zscheiplitz auf die Saale-Unstrut-Region

In der Nähe befindet sich das *Max-Klinger-Haus* mit eigenem Weinberg. Der berühmte Maler, Bildhauer und Grafiker aus Leipzig schuf hier zahlreiche Werke der darstellenden Kunst, Zeichnungen, Radierungen, Aquarelle und Ölbilder. Beim *Klingerhaus* stehen zwei Stelen mit den Büsten von Max Klinger und seiner Lebensgefährtin Elsa Asenijeff. Auch seine Grabstätte mit der selbst geschaffenen Skulptur „Der Athlet“ kann hier besichtigt werden.

Abb. 246: Max-Klinger-Haus

Abb. 247: Büsten von Max Klinger und Elsa Asenijeff

Abb. 248: Grabstätte von Max Klinger

Schulpforta

Die Gründung des Zisterzienser-Klosters *St. Marien* geht auf eine Weisung der Naumburger Bischöfe Anfang des 12. Jahrhunderts zurück. An der *Thüringer Pforte*, wo sich das Saaletal zu einem großen Kessel weitet, sollten die Mönche das Land mit Weinanbau und Fischfang in der Saale kultivieren. Die erste Erwähnung eines Weinberges ist datiert auf das Jahr 1154. Sie haben den Weinbau in dieser Gegend heimisch gemacht und betrieben entlang der Saale an 62 Orten Weinbau sowie auf einer Fläche von über 7.500 ha Ackerbau. Um 1450 löste sich das Kloster auf, der Weinbau wurde weiterbetrieben.

Abb. 249: Klosterkirche

Abb. 250: Haus, Schule und Kirche

Hinter einer zu großen Teilen erhaltenen Mauer von 1.700 m Länge steht ein Ensemble historischer Gebäude: die mehrfach umgebaute Klosterkirche mit dem in Deutschland einzigartigen zweischiffigen Kreuzgang aus dem 12. Jahrhundert und die Abtskapelle aus dem 13. Jahrhundert im romanischen Stil.

Der Kurfürst Moritz von Sachsen richtete um 1543 auf dem Gelände des Klosters eine Fürsten- und Gelehrtenschule für Knaben aus allen Gesellschaftsschichten ein. Daraus entwickelte sich eine Schulanstalt ersten Ranges, die deutschlandweit einen guten Ruf erwarb.

Abb. 251: Eingangsgebäude zur Klosteranlage

Berühmte Dichter und Philosophen wie Klopstock, Fichte und Nietzsche besuchten diese Schule. Als Folge der napoleonischen Kriege kam Schulpforta 1815 unter preußische Herrschaft. Die Tradition wird seit 1990 fortgesetzt als Landesschule Sachsen-Anhalt, ein Fördergymnasium für hochbegabte Mädchen und Jungen mit den Schwerpunkten Sprache, Musik und Naturwissenschaften.

Abb. 252: Schulgebäude

Naumburg

Mit einer großartigen Silhouette des Doms inmitten der schönen Landschaft in der Weinregion Saale-Unstrut zeigt sich von Weitem Naumburg. Zwei schlanke Turmpaare weisen den Weg zum *Dom St. Petri und Paul*. Um 1210 wurde mit dem Bau des *Naumburger Doms* begonnen. Der spätromanische Dom zählt zu den bedeutendsten Kulturdenkmälern und Sakralbauten des europäischen Hochmittelalters. Der Dom und die von einem unbekannten Meister um 1250 geschaffenen zwölf Stifterfiguren im Westchor haben Naumburgs Ruf in die Welt getragen. Die berühmtesten Figuren sind der Markgraf Ekkehard II. und seine Gemahlin Uta von Ballenstedt. Die Skulptur der Markgräfin Uta ging als eine der genialsten Schöpfungen deutscher Bildhauerkunst in die Kunstgeschichte ein und steht als Sinnbild für die schönste Frau des Mittelalters.

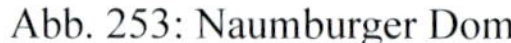

Abb. 253: Naumburger Dom

Abb. 254: Ekkehard II. und Uta

Im Rhythmus von zwei Jahren finden im Dom Treffen von Frauen aus aller Welt mit dem Namen Uta statt. Der Westlettner im Dom zeigt auch in acht farbig gefassten Steinbildern die Passion Christi mit enormer Dramatik und Ausdruckskraft. Die farbigen Fenster aus dem 13. Jahrhundert gehören zum wertvollen Bestand mittelalterlicher Glasmalerei in Deutschland. Ein Zeichen moderner Gegenwartskunst sind die von Neo Rauch in der *Elisabethkapelle* gestalteten Glasfenster. Der Dom ist mehrfach um- und angebaut worden und zeigt verschiedene Bauepochen mit eigenen Stilen.

Der Marktplatz von Naumburg gilt als einer der schönsten Marktplätze Deutschlands. Das Ensemble gefällt durch seine architektonische Geschlossenheit mit wiederkehrenden Giebelformen. Von Macht und Reichtum der Stadt zeugen an der Westseite des Marktes der repräsentative Renaissancebau des Rathauses mit seinem prachtvollen Portal und die reich verzierten Bürgerhäuser um den Marktplatz. Im Haus *Hohe Lilie* mit dem Rokoko-Erker aus dem 16. Jahrhundert ist heute das Stadtmuseum eingerichtet.

Abb. 255: Markt mit Wenzelskirche, rechts davon das Rathaus

Abb. 256: Rathausportal

Abb. 257: Ehem. Postamt am Markt

Abb. 258: Bürgerhaus am Markt

Abb. 259: Hohe Lilie

Begrenzt wird der Platz von der um 1511 geweihten spätgotischen *Kirche St. Wenzel* mit dem 72 m hohen Kirchturm. In der Kirche hat schon Johann Sebastian Bach auf der Hildebrandorgel gespielt. Im Hallenschiff der Kirche befinden sich zwei Originalgemälde von Lucas Cranach dem Älteren.

Abb. 260: Orgel der Kirche St.Wenzel

Der Markt war im 14./15. Jahrhundert ein bedeutender Fernhandels- und Messeplatz und verlor seine Bedeutung erst mit der Einrichtung des Messeplatzes in Leipzig. Das *Marientor* ist das einzige noch erhaltene Stadttor in der in Teilen noch gut erhaltenen Stadtmauer aus dem 15. Jahrhundert.
Die Stadt Naumburg ist eine lebendige Stadt und bietet mit ihren Festen *Taubenmarkt* im April und dem *Hussitenkirschfest* am letzten Juniwochenende Attraktionen für Besucher von nah und fern. Ein weiterer kultureller Höhepunkt sind der *Töpfermarkt* und das *Drehorgelfest* am letzten Augustwochenende.

Abb. 261: Markt mit Rathaus beim Volksfest

Abb. 262: Töpfermarkt

Eines der schönsten traditionellen Volksfeste Mitteldeutschlands ist das *Hussitenkirschfest*. Seit dem 17. Jahrhundert wird es mit der Belagerung Naumburgs durch die Hussiten 1432 in Verbindung gebracht. Als die Stadt der Sage nach von Hussiten angegriffen wurde und sich nicht verteidigen konnte, wurde der Lehrer mit den Kindern vor die Stadt geschickt, um Frieden zu erbitten. Die Hussiten erhörten die Bitte und beschenkten die Kinder mit Kirschen.

Bei dem Fest werden nicht nur Kirschen angeboten, sondern es findet auch ein großer historischer Festumzug statt. Zudem werden ein mittelalterlicher Markt und ein Hussitenlager aufgebaut. Neben musikalischen Veranstaltungen werden auch Hussitenkämpfe gezeigt.

Abb. 263: Hussitenlager

Abb. 264: Kampf der Hussiten

Abb. 265: Hussiten erstürmen die Rudelsburg

Einen historischen Linienverkehr mit Deutschlands kleinster Straßenbahn, der *Wilden Zicke*, gibt es in der Innenstadt auf einer 2,9 km langen Strecke vom Bahnhof zur Innenstadt bis zum *Salztor*. Im Jahre 1892 in Betrieb genommen war es einst eine Ringstraßenbahn. Die Stadt Naumburg ist heute der Verwaltungssitz des Burgenlandkreises.

Abb. 266: Straßenbahn „Wilde Zicke"

Wo die Unstrut in die Saale mündet, im *Blütengrund* bei Naumburg-Großjena, hat die Landschaft einen eigenen Reiz. Sanfte Höhen mit Weinbergen, fruchtbare Felder, Streuobstwiesen und schattige Wäldchen wechseln sich dort ab.

Die Muschelkalkberge entlang des Flusses bieten beste Voraussetzungen für den Weinanbau in dieser Region. Vom Blütengrund aufwärts entlang der Unstrut führt der Weg vorbei am *Steinernen Bilderbuch* und dem *Herzoglichen Weinberg* mit der auf dem Berg weithin sichtbaren *Neuenburg* nach Freyburg.

Freyburg

Von der Mündung der Unstrut aufwärts entlang der Streuobstwiesen in der Aue und den terrassierten Weinbergen unterhalb der *Neuenburg* erreicht man Freyburg. Dank des günstigen Klimas und der seit Generationen betriebenen Handwerkskunst der Winzer reifen auf 450 ha Weinbauflächen edle Trauben zu Wein und es entstehen unverwechselbare Sorten von Cuvées.

Abb. 267: Sektkellerei „Rotkäppchen"

Abb. 268: Kirche St. Marien

Inmitten von Deutschlands nördlichstem Weinanbaugebiet liegt Freyburg an der Unstrut mit der im Jahre 1856 gegründeten Sektkellerei „Rotkäppchen". Der aus der Jahrhundertwende um 1896 stammende *Lichthof*, einer der ältesten denkmalgeschützten Industriehallen Deutschlands, die fünfgeschossigen Kellergewölbe und das hundertjährige *Cuvée-Fass* aus Eichenholz mit einem Fassungsvermögen von 160.000 Flaschen Sekt werden jährlich von Tausenden Besuchern besichtigt. Der *Lichthof* wird als Konzerthalle für musikalische Aufführungen unterschiedlicher musikalischer Art genutzt. Hier und in den angrenzenden Gassen und Straßen ist der Mittelpunkt des Treibens zum alljährlichen Winzerfest in Freyburg. Heute werden neben der Marke „Rotkäppchen" auch edle Weine der Spitzenklasse hergestellt. Am zweiten Wochenende im

September lädt Freyburg zum größten Winzerfest Mitteldeutschlands zur Wein- und Sektverkostung ein. Mit einem farbenfrohen Umzug wird die neue Weinkönigin gekürt.

Abb. 269: Weinfass beim Festumzug

Abb. 270: Bacchus beim Weinfest

Von den Ludowingern um 1185 als landgräfliche Siedlung gegründet ist Freyburg eine Stadt, die weitestgehend von der Wein- und Sektherstellung bestimmt wird. Seit dem 13. Jahrhundert ist in Freyburg der Weinbau nachgewiesen. Die Altstadt wird von einer nahezu intakten Stadtmauer umschlossen. Das bedeutendste Baudenkmal Freyburgs ist die *Stadtkirche St. Marien* mit den 33 m hohen Doppeltürmen und dem niedrigeren Vierungsturm. Eine Ähnlichkeit mit den Türmen am *Naumburger Dom* ist unbestritten.

Als weitere Sehenswürdigkeiten zu nennen sind der *Herzogliche Weinberg* als Beispiel für das Anlegen von Weinbergterrassen, die *Klosterkirche Zscheiplitz* als architektonisches Baudenkmal und die *Wassermühle Zeddenbach*, in der jedes Jahr am Pfingstmontag das *Mühlenfest* veranstaltet wird. Die Mühle ist noch in Betrieb und arbeitet mit einem Maschinenpark, der teilweise noch aus der Zeit um 1930 stammt.

Abb. 271 Wassermühle Zeddenbach

Der *Herzogliche Weinberg* unterhalb der *Neuenburg* mit seinen Terrassen und dem im Stil des Rokokos um 1774 errichteten Weinberghäuschen ist das Wahrzeichen der gesamten Region Saale-Unstrut-Triasland.

Abb. 272: Herzoglicher Weinberg mit Neuenburg

Abb.273: Weinberghäuschen

Hoch über der Stadt in der alten Kulturlandschaft an der Unstrut erhebt sich die mächtige Anlage der *Neuenburg*. Die um 1090 von Ludwig dem Springer gegründete Burg ist die größere Schwester der *Wartburg* und war einst im 13. Jahrhundert Zentrum höfisch-ritterlicher Kultur.

Abb. 274: Freyburg mit der Neuenburg

Abb. 275: Neuenburg und Weinberg aus Richtung Großjena

Große Namen verbinden sich mit der Geschichte der Burg. Hier lebten und wirkten Kaiser Barbarossa und der Landgraf Ludwig IV. mit seiner später heiliggesprochenen Landgräfin Elisabeth in der bereits fürstlich repräsentativ ausgebauten Burg. Minnesänger gingen ein und aus und unterhielten die Hofgesellschaft. Architektonisches Kleinod ist die romanische Doppelkapelle aus dem 12. Jahrhundert mit reicher Verzierung der Kapitelle mit Tier- und Pflanzenornamenten. Sie gilt heute als Glanzpunkt an der Straße der Romanik. Starke Zerstörungen erfolgten während des Sächsischen Bruderkrieges von 1446 bis 1451 und im Dreißigjährigen Krieg 1618 bis 1648. In der Zeit des Barock nutzten die Herzöge von Weißenfels die Burg als Sommersitz und Jagdschloss. Nach jahrelanger Restaurierung gehört die *Neuenburg* seit 1993 zu der „Stiftung Schlösser, Burgen und Gärten in Sachsen-Anhalt“. In dem über 900 Jahre alten Gemäuer werden heute Kunsthandwerkerausstellungen und internationale Tage der Musik veranstaltet.

Auf der *Neuenburg* hat die Stadt Freyburg eine Dauerausstellung zur Weinkultur im mitteldeutschen Raum eingerichtet. Von dem oberhalb der Burg gelegenen Turm mit einer barocken Haube, dem *Dicken Wilhelm*, reicht der Blick weit ins Land über die hügelige Landschaft an Saale und Unstrut.

Freyburg ist nicht nur als Stadt des Weines und Sektes bekannt, sie ist auch die Stadt des Turnvaters Jahn. Dieser prägte ab 1825 bis zu seinem Tode 1852 die Stadt als Pilgerstätte für Turner aus aller Welt und wird durch mehrere Gedenkstätten wie der *Friedrich-Ludwig-Jahn-Erinnerungshalle* mit Büste geehrt. Bereits im Jahre 1811 legte er in der Hasenheide in Berlin einen Turnplatz an, der zur allgemeinen Körperertüchtigung dienen sollte. Mit dem Einsatz von Reck und Barren schuf er die Grundlagen für das heutige Geräteturnen.

An einem der schönsten Orte der Saale-Unstrut-Region, an den Terrassensteilhängen in und um Freyburg, bietet ein Weinlehrpfad mit 26 Tafeln viele Informationen zum Weinanbau.

Abb. 276: Friedrich-Ludwig-Jahn-Denkmal

Schönburg

Der 32 m hohe Bergfried steht seit 800 Jahren auf einem Buntsandsteinfelsen über der Saale.

Es wird behauptet, Ludwig der Springer, Ludwig Graf von Thüringen, habe einen über 3 km langen unterirdischen Gang unter der Saale bis zum gegenüberliegenden *Schloss Goseck* graben lassen, um seine Geliebte Adelheid heimlich besuchen zu können. Adelheid war die Ehefrau des Pfalzgrafen Friedrich III. Ludwig ließ später den Pfalzgrafen erschlagen und kam dafür auf der *Burg Giebichenstein* in Halle in Gefangenschaft. Dort soll er mit einem kühnen Sprung von der Burg in die Saale entkommen sein. Das brachte ihm den Namen „Ludwig der Springer" ein. Diese tradierte Erzählung konnte nie bewiesen werden und ist als Sage einzuordnen.

Abb. 277: Blick vom Bootshaus zur Burg

Abb. 278: Burg Schönburg

Urkundlich wird die Burg erstmalig um 1137 erwähnt. Um 1235 geht die Burg in den Besitz der Bischöfe von Naumburg über. Diese nutzten die Burg als ihren Sommersitz.

Abb. 279: Die Schönburg über der Saale

Im Sächsischen Bruderkrieg im Jahre 1446 weitgehend zerstört blieben nur der 32 m hohe Bergfried und die Ringmauern erhalten. Nach der Reformation übernahm der Sächsische Kurfürst die Burg und richtete einen landwirtschaftlichen Betrieb ein. Auch der Philosoph Friedrich Nietzsche war auf der Burg zu Gast.
Seit 1924 gehört Schönburg zur Stadt Naumburg. Heute kümmert sich der Heimatverein um den Erhalt und die Pflege der Anlagen. Eine Ausstellung zur Burg- und Heimatgeschichte ist im Bergfried eingerichtet. Im Burghof lädt eine Glaspyramide mit Gastronomie zum Einkehren ein.

Abb. 280: Blick auf die Dorfkirche

Abb. 281: Turm mit Gaststätte

Goseck und das Sonnenobservatorium

Schloss Goseck hat – wie viele Burgen entlang der Saale – eine abwechslungsreiche Geschichte erlebt und war zeitweilig Kloster und später Schloss. Hier stand einst die älteste Burg an der Saale. Um das Jahr 1000 war *Goseck* die Stammburg der Pfalzgrafen von Sachsen. Von 1041 bis zum Jahre 1540 diente die Burg als Benediktinerkloster, danach erfolgte der Umbau zum Schloss. Sehr romantisch sind der Altbau und der Querbau der um 1053 geweihten Klosterkirche mit dem Turm und der Kapelle im Obergeschoss.

Abb. 282: Blick von der Saale auf Schloss Goseck

Vor über 1.000 Jahren haben Mönche des Benediktinerordens hier am Terrassenhang auch Weinbau betrieben. Bis 1945 war das Schloss der Sitz der Grafen von Zech-Burgersroda. Die „Stiftung Dome und Schlösser in Sachsen-Anhalt“ übernahm 1997 die Anlage. Dies war der Beginn umfangreicher Sanierungs- und Sicherungsarbeiten am und im Schloss. Im Jahre 2002 wurde das Schloss in die Reihe der „Burgen und Schlösser an der Straße der Romanik“ aufgenommen. Heute wird es als Europäisches Musik- und Kulturzentrum genutzt, und es finden Schlosskonzerte zum Thema „Mittelalterliche Musik“ statt.

Abb. 283: Schlossgebäude mit Kapelle

.... Abb. 284: Schlosskapelle

Weltbekannt wurde Goseck jedoch durch das steinzeitliche *Sonnenobservatorium*. Auf einem nahe dem Ort gelegenen Feld wurde 1991 durch gezielte Suche mittels Luftbildern das archäologisch weltweit älteste *Sonnenobservatorium* entdeckt. Die Kreisgrabenanlage wurde vor ca. 7.000 Jahren angelegt und diente in der Jungsteinzeit der Himmelsbeobachtung und als Kult-, Versammlungs- und Gerichtsplatz. Mithilfe der Anlage konnten unsere Vorfahren exakt den Zeitpunkt der Winter- und Sommersonnenwende feststellen und danach ihre bäuerlichen Tätigkeiten einrichten.

Abb. 285: Sonnenobservatorium

Im Jahr 2005 konnte die rekonstruierte und nachgebaute Anlage mit einem Innendurchmesser von 72 m und zwei Holzpalisadenringen der Öffentlichkeit vorgestellt werden. Alljährlich finden am 21. Dezember Feiern zur Wintersonnenwende und am 21. Juni Feiern zur Sommersonnenwende bei Sonnenuntergang statt. Die kreisrunde Form verleiht dem Inneren der Anlage eine besondere Akustik

Abb. 286: Ringanlage

Weißenfels

Die Marktsiedlung an der Saale erhielt um 1185 das Stadtrecht. Der Markgraf von Meißen gründete die Stadt im hohen Mittelalter und Weißenfels wurde ein bedeutender Handelsplatz an der Straße von Naumburg nach Leipzig sowie zwischen Thüringen und Sachsen.
Die Stadt erstreckt sich zu beiden Seiten der Saale am Ausgang zur *Leipziger Tieflandbucht*. Auf dem Berg, einem Buntsandsteinfelsen, thront die Schlossanlage *Neu-Augustusburg*.

Abb. 287: Blick vom Markt zum Schloss

Abb. 288: Schlosseingang bei Nacht

Das Schloss war die Residenz der Herzöge von Sachsen-Weißenfels als Sekundogenitur-Fürstentum, einer Nebenlinie des Albertinisch-Sächsischen Fürstengeschlechtes. Dieses hatte seinen Ursprung auf der Burg Wettin im *Unteren Saaletal*. Der Ausbau zur herzoglichen Residenz wird die Blütezeit der Stadt und dient der Förderung von Kunst und Kultur. Berühmte Dichter und Musiker gingen im Schloss ein und aus. In Weißenfels wirkte als Salinedirektor Friedrich von Hardenberg, auch „Novalis“ genannt, ein bekannter Dichter der Frühromantik. Die Schauspielerin Caroline Neuber, auch „Neuberin“ genannt, begann ihre Laufbahn am *Weißenfelser Hofe*.

Abb. 289: Schlosskapelle

Das *Barockschloss Neu-Augustusburg* ist eine Dreiflügelanlage. Begonnen wurde mit dem Bau um 1660 auf dem Berg über der Saale. Besonders reich ausgeschmückt ist die frühbarocke Kapelle im Schloss. Auf der Orgel spielte schon der junge Georg Friedrich Händel. Man erkannte sein Talent und förderte ihn. Auch Philipp Telemann und Johann Sebastian Bach als Hofkapellmeister wirkten am Hofe.

In der Fürstengruft ruhen die Mitglieder der herzoglichen Familie des 17. und 18. Jahrhunderts in 38 prunkvollen Särgen.

Das Museum im Schloss informiert nicht nur über die Geschichte der Stadt, des Schlosses und der Schlossherren, sondern zeigt auch im *Schuhmuseum*, wie in Weißenfels zu DDR-Zeiten Schuhe produziert wurden. Ferner werden interessante und kuriose Fußbekleidungen aus aller Welt ausgestellt. Die Sammlung umfasst ca. 5.000 Paar Schuhe, darunter Leihgaben von Prominenten wie Helmut Kohl, Boris Becker und dem ehemaligen US-Präsidenten George Bush sen.

Abb. 290: Schuhe im Schuhmuseum

Die Tradition der Schuhproduktion in Weißenfels reicht zurück bis ins 12. Jahrhundert. Während der Zeit der herzoglichen Regentschaft von 1680 bis 1766 erfolgte ein großer Aufschwung der Weißenfelser Schuhindustrie. 1979 wurde der VEB Kombinat Schuhe mit 34 Unternehmen und 140 Produktionsstätten gegründet, in dem 1990 47.000 Beschäftigte arbeiteten. Dazu gehörte Weißenfels. Mit 36.000 Beschäftigten zählte Weißenfels zu den größten Schuhproduzenten Europas. 1992 musste das Schuhkombinat schließen. Heute sind nur noch einige Spezialschuhmacher in Weißenfels tätig.

Der Komponist Heinrich Schütz, seines Zeichens Hofkapellmeister in Dresden, verbrachte viele Jahre in Weißenfels und schrieb hier u.a. die „Johannespassion". In seinem Geburtshaus im Stile eines Renaissancegebäudes wurde zum 400. Geburtstag des Musikers

Abb. 291: Heinrich-Schütz-Haus

ein Museum als Musikgedenkstätte eingerichtet. Eine Dauerausstellung zeigt hier die Lebensgeschichte und das Schaffen des Meisters.
Heinrich Schütz hat den Dreißigjährigen Krieg in der vollen Länge und Grausamkeit erlebt. Er schrieb sowohl Trauermusiken als auch festliche Kompositionen zu den Ereignissen seiner Zeit.

Am Marktplatz zeugen das barocke Rathaus von 1720 und die spätgotische, dreischiffige *Kirche St. Marien* von 1464 mit der Ladegastorgel von der historischen Vergangenheit. Im Zentrum der Stadt, im *Geleitshaus*, weist ein Blutfleck auf ein historisches Ereignis hin. Nach seinem Tod in der Schlacht bei Lützen im Jahre 1632 wurde der Schwedenkönig Gustav Adolf II. hier vor seiner Überführung nach Schweden als Leichnam aufgebahrt.

Seit dem letzten Jahrhundert entwickelte sich Weißenfels zu einem Wirtschaftsstandort, besonders für die Schuhindustrie. Zu DDR-Zeiten war hier das Zentrum der Schuhproduktion für die gesamte Republik. Davon zeugen zahlreiche Ausstellungsstücke und Dokumente im Museum im Schloss. Heute hat sich die Stadt zu einem Zentrum der Lebensmittelindustrie entwickelt.

Abb. 292: Rathaus und Kirche St. Marien

Abb. 293: Geleitshaus

Bad Dürrenberg

Von Merseburg kommend sieht man schon von Weitem über der Saale die Silhouette der Doppelturmanlage des Förderturms für die Sole. Benannt werden sie als der barocke *Borlachturm* von 1764 mit seinem steilen, schiefergedeckten Dach und der symmetrische klassizistische *Witzlebenturm* von 1811 bis 1816. Das *Salzamt* am Ufer der Saale ist das älteste Steingebäude der Stadt und beherbergt heute das Standesamt.
Auf Wunsch des kurfürstlich-sächsischen Bergrats Johann Gottfried Borlach wurde von 1744 bis 1763 ein Schacht bis in 223 m Tiefe getrieben, um die Sole zu erschließen.

Abb. 294: Borlachturm und Salzamt

Am 15. September 1763 wurde die erste Sole aus dem Schacht gefördert. Ab 1763 wurde in mehreren Bauabschnitten das *Gradierwerk* zur Konzentration der Sole bis auf eine Länge von 1.830 m errichtet. Das Salz aus Bad Dürrenberg wurde auch in andere Länder Europas, vor allem in die nordi-

schen Länder Dänemark, Finnland und Schweden, ausgeführt. Im Zuge der Neuordnung Europas auf dem Wiener Kongress 1815 wurde Dürrenberg Preußen zugeteilt. Mit dem weiteren Ausbau der Saline begann Mitte des 19. Jahrhunderts der Kur- und Badebetrieb. Durch die verstärkte Umweltbelastung der chemischen Industrie aus den naheliegenden Leuna-Werken musste der Kur- und Badebetrieb im Jahre 1963 eingestellt werden. Heute sind nach Teilabbrüchen nur noch ca. 640 m *Gradierwerk* mit 800 m Wandelstegen, eine Kaltinhalierhalle und zahlreiche Sitzgelegenheiten vorhanden.
Das imposante Bauwerk ist eines der europaweit größten zusammenhängenden Gradierwerke. Versorgt wurde es über ein Kunstgestänge, das die Sole vom heute noch vorhandenen Soleschacht zum *Gradierwerk* beförderte. Das Doppelgestänge ist noch funktionsfähig und ein Zeugnis der Technikgeschichte.

Abb. 295: Gradierwerk mit Windmühle

Mit seiner salzhaltigen Luft und dem ca. 10 ha großen Kurpark mit Übergang in die weitläufige Aue-Landschaft an der Saale und gepflegten Blumenrabatten entlang verschlungener Wege ist Bad Dürrenberg ein beliebtes Naherholungsziel.

Abb. 296: Palmen- und Vogelhaus

Abb. 297: Solezwerg

Ein modernes Palmen- und Vogelhaus mit ständig wechselnden Ausstellungen und die gastronomischen Einrichtungen und Konzerte im Kurpark laden zum Verweilen ein.

Neuerdings gibt es Bestrebungen, durch den Bau eines Erlebnisbades mit angeschlossenem Hotelbetrieb den Kurpark aufzuwerten. 2022 sollen der Park und das anschließende Gelände an der Saale für die Landesgartenschau Sachsen-Anhalt genutzt werden.

Die Salzproduktion wurde 1963 eingestellt, aber alljährlich im Juni feiert Bad Dürrenberg in Erinnerung an die Erschließung der Solequelle vor über 250 Jahren das *Brunnenfest* mit dem Borlachspiel, einem historischen Festumzug, Schausieden und musikalischen Veranstaltungen im Kurpark mit abschließendem Höhenfeuerwerk. An dem Umzug nehmen Vereine, Schulen, Firmen und die Feuerwehr in historischen Kostümen teil.

Abb. 298: Festumzug beim Brunnenfest

Industrie- und Gartenstadt Leuna

Mit der Errichtung des Ammoniakwerkes für die Herstellung von Düngemitteln, aber auch für die Sprengstoffproduktion im Ersten Weltkrieg, in den Jahren 1916/17, begann die Geschichte der Stadt Leuna als Chemiestandort und als Wohnort für das Personal des Werkes. Durch den Architekten Karl Barth wurde von 1917 bis 1928 die Gartenstadt entworfen und gebaut. Dabei wurden unterschiedliche Bautypen an Wohnbauten und Villen entsprechend den Belangen der Arbeiterschaft und des Leitungs- und Forschungspersonals errichtet. Der Erfolg der Leuna-Werke wurde aber auch durch andere wegweisende Erfindungen bestimmt, wie die großtechnische Produktion von Benzin und Menthol aus Kohle von den naheliegenden Kohlegruben des Geiseltales oder das Verfahren zur Herstellung des Grundstoffes Caprolactam zur Erzeugung von Perlon.

Abb. 299: Haupteingang der Leuna-Werke

Abb. 300: Blick übers Rapsfeld zum Werk

Nach den großen Zerstörungen des Werkes durch die Bombenangriffe der Briten und Amerikaner im Zweiten Weltkrieg wurde das Werk nach 1945 wiederaufgebaut und zum Zentrum der chemischen Industrie im mitteldeutschen Raum mit bis zu 30.000 Beschäftigten ausgebaut. Nach der politischen Wende 1990 wurden großflächig die technisch veralteten Anlagen abgerissen und

Zehntausende Beschäftigte verloren ihre Arbeitsplätze. Nach und nach siedelten sich neue Betriebe auf dem Werksgelände an und es kam zur Entwicklung eines Chemieparks mit Tausenden neuen Arbeitsplätzen. Ein Meilenstein war der Bau einer Raffinerie durch das französische Unternehmen Elf-Aquitaine als eine der größten Raffinerien Europas und eines der modernsten und leistungsstärksten Unternehmen in den neuen Bundesländern. Sie ist seit 1997 in Betrieb. Auf der Basis von Rohöl, das über Pipelines aus Russland in ein großes Tanklager am Rande des Werks gepumpt wird, entstehen auf einem 250 ha großen Areal die Produkte Diesel, Benzin, Kerosin, Wachse, Bitumen und Methanol für Abnehmer im mitteldeutschen Raum und darüber hinaus. Auch die Erzeugung und der Vertrieb von technischen Gasen durch die Linde AG ist neuer Teil des Chemieparks.

Abb. 301: Leuna-Werke von Osten

Abb. 302: Linde AG in den Leuna-Werken

Abb. 303: Raffinerie von Westen

Abb. 304: Leuna-Werke bei Nacht

Abb. 305: Raffinerie an der B91

Heute ist Leuna ein hochwertiger Chemiepark mit über 100 deutschen und internationalen Unternehmen, der etwa 9.000 Arbeitsplätze bietet. Er ist der größte Chemiestandort in Deutschland.

Abb. 306: Zwiegespräch (Theo Balden)
Abb. 307: Schwimmerinnen (W. Weidanz 1963)
Abb. 308: Chemiewerker (H. Beberniß)

Der 1922 als *Saale-Anlage* eingerichtete Park wurde 1962 für eine Ausstellung bildender DDR-Kunst genutzt und ist seitdem als *Plastikpark* mit 30 Werken ganzjährig für die Öffentlichkeit zugänglich. Er ist ein guter Ausgangspunkt für Wanderungen am östlichen Saale-Ufer in die Saale-Aue. Das 1927/28 durch die BASF erbaute denkmalgeschützte Kulturhaus wird für unterschiedliche Kulturveranstaltungen und Ausstellungen genutzt.

Abb. 309: Windmühle bei Spergau
Abb. 310: Saale-Brücke
Abb. 311: Kulturhaus

Zur Großgemeinde Leuna gehört der Ort Spergau. Hier wird seit Jahrhunderten Anfang Februar die *Spergauer Lichtmess* gefeiert. Spergau wurde bereits vor über 1.000 Jahren erstmals urkundlich erwähnt – Anno Domini 973. Im Verlauf der Jahrhunderte entwickelte sich im früheren Grenzgebiet zwischen Germanen und Slawen ein Bauerndorf, das in der Spitze fast 50 Höfe meist mittlerer Größe umfasste. Am 31. Dezember 2009 wurde Spergau im Rahmen der flächendeckenden Bildung von Einheitsgemeinden und Verbandsgemeinden in Sachsen-Anhalt Leuna eingemeindet.

Die *Spergauer Lichtmess* ist ein jahrhundertealter, einzigartiger Brauch. Er gehört zu den ältesten überlieferten Bräuchen und wird immer am ersten Sonntag des Februars, jedoch nicht vor dem zweiten Tag des Monats, gefeiert. Ein erster Hinweis findet sich bereits in der handschriftlichen Ortschronik aus dem Jahre 1688. Die *Lichtmess* beginnt noch im Dunkeln am frühen Morgen und wird bis in die Nacht hinein gefeiert. Gegen sieben Uhr, noch bevor die ersten Sonnenstrahlen den Ort erreichen, setzt sich die Lichtmessgesellschaft für den Umzug durch das Dorf in Bewegung. Das ganze Dorf ist dann schon auf den Beinen, ob jung oder alt, und viele Schaulustige von nah und fern säumen den Weg. Dabei treiben bunte Gestalten, wie der Schwarzmacher, die Pritscher, der Bändermann, die Eierfrauen, Handelsmänner und Guckkastenmann, Registrator, Milchkannenträger und Wurststangenträger, Lichtmesssoldaten, Küchenburschen und als Erbsbär, Pferde und Vögel verkleidete Personen ihr Unwesen in den Gassen und Straßen des Ortes.

Abb. 312: Guckkastenmann
Abb. 313: Als Pferde Verkleidete
Abb. 314: Erbsbär

Abb. 315: Küchenmädchen und Läufer bzw. Bändermann

Auf dem Dorfplatz brennt ein Feuer lichterloh und als Pferde verkleidete Gestalten ziehen einen Pflug durch das Feuer als Symbol der Winteraustreibung. Während die Schwarzmacher und Pritscher die Mädchen des Ortes und Schaulustige schwarz anmalen und durch den Ort jagen, gehen die anderen Mitglieder der Gesellschaft, allen voran der bunt geschmückte Bändermann oder Läufer, auf Heischegang von Haus zu Haus, um Spenden und Gaben einzusammeln, die dann am Abend beim Lichtmessball und bei Nachfeiern verbraucht werden. Die Lichtmessgesellschaft mit ca. 20 Figuren und 50 bis 60 Mitgliedern hat über das nationale Komitee den Antrag auf Aufnahme als UNESCO-Weltkulturerbe gestellt. Nach wie vor liegen die Ursprünge der *Spergauer Lichtmess* im Dunkeln. Das Volksfest wird hergeleitet vom alten heidnischen Brauchtum unserer Vorfahren, die damit den Ausgang des Winters und den bevorstehenden Einzug des Frühlings feierten, das Fest der Lichtmess. Die bunte Gesellschaft könnten Figuren von kultischen Spielen unserer Urahnen gewesen sein.

Merseburg

Merseburg, Stadt der Zaubersprüche, die altehrwürdige Stadt an der Saale, hat imposante Gebäude und Bauwerke aus der Geschichte und der neueren Zeit aufzuweisen.

Erstmals erwähnt wird Merseburg im Zehntverzeichnis des *Klosters Hersfeld* im 9. Jahrhundert. Nach 919 wurde der Ort von König Heinrich I., der die Tochter des Merseburger Grafen Erwin geheiratet hatte, zu einer Pfalz ausgebaut. 968 gründete Otto I. nach seinem Sieg in der Schlacht auf dem Lechfeld das Bistum Merseburg.

Die Baugruppe von Dom und Schloss ist eine gelungene Mischung aus Renaissance und Barock. Ihre Grundsteinlegung ist auf das Jahr 1015 (Dom) datiert. Das Schloss war Herrschersitz und Königspfalz deutscher Kaiser wie Otto III., Heinrich II. und Friedrich I. Barbarossa. Sie hielten hier bis zu Beginn des 14. Jahrhunderts zahlreiche Reichstage ab. Die Kirche *St. Viti* auf der *Altenburg* wird auf die Zeit Mitte des 12. Jahrhundert festgelegt und das *Petrikloster* der Benediktinermönche auf 1091.

Abb. 316: Schloss und Dom über der Saale

Am Bischofssitz residierten hier bedeutende Bischöfe wie Thietmar und Ekkehard (insgesamt 43 Bischöfe), und vor allem Thilo von Trotha, der Merseburg zu einer prächtigen fürstlichen und bischöflichen Residenz ausbaute. In seiner Regierungszeit wurden zahlreiche Umgestaltungen durchgeführt. Eng mit Bischof Thilo von Trotha ist die Geschichte von der „Merseburger Rabensage“ verbunden. Die Sage berichtet von einer aufbrausenden, oft hysterischen Person. So soll der Bischof einst seinen wertvollen Siegelring vermisst und den Diener des Diebstahls bezichtigt haben. Dieser stritt die Tat ab, aber der Bischof ließ ihn hinrichten. Bei späteren Reparaturarbeiten am Dach fanden die Bauarbeiter den Ring im Nest eines Raben. Da bereute der Bischof seine Tat und ließ fortan einen Raben in einem Käfig am Schloss einsperren. Über Jahrhunderte wurde der Brauch fortgeführt. Auch heute noch sitzen dort unter Beobachtung von Tierschützern in artgerechter Haltung zwei Raben im Käfig.

Abb. 317: Rabenkäfig

Abb. 318: Schlossgartensalon

Als Herzogssitz Sachsen-Merseburg diente das Schlossensemble von 1656 bis zum Jahre 1738. Während des Herzogtums Sachsen-Merseburg erreichten Künste und Baugeschehen eine sichtbare Blüte.

In diese Zeit fallen so bedeutende Bauwerke wie der *Schlossgartensalon* um 1727 bis 1737 und die *Obere Wasserkunst* um 1738, beide vom Baumeister Michael Hoppenhaupt errichtet. Er selbst baute für seine Familie 1744 ein barockes Wohnhaus, das *Versunkene Schlösschen* in der *Unteraltenburg*. 1782 wurde in der Nähe des Schlossgartens der *Zechsche Palais* erbaut, in dem zeitweise der Provinziallandtag tagte und der heute als Hotel genutzt wird.

Abb. 319: Obere Wasserkunst

Der *Dom St. Johannes und Laurentius* verwahrt im Kapitelhaus die berühmten „Merseburger Zaubersprüche“ auf, die ältesten bekannten althochdeutschen Sprachzeugnisse germanischen Heidentums. Sie wurden im 10. Jahrhundert im Kloster Fulda verfasst und im Jahre 1841 von Georg Waltz in der Dombibliothek Merseburg entdeckt. Sie enthalten in zwei Versen Beschwörungsformeln der Ge-

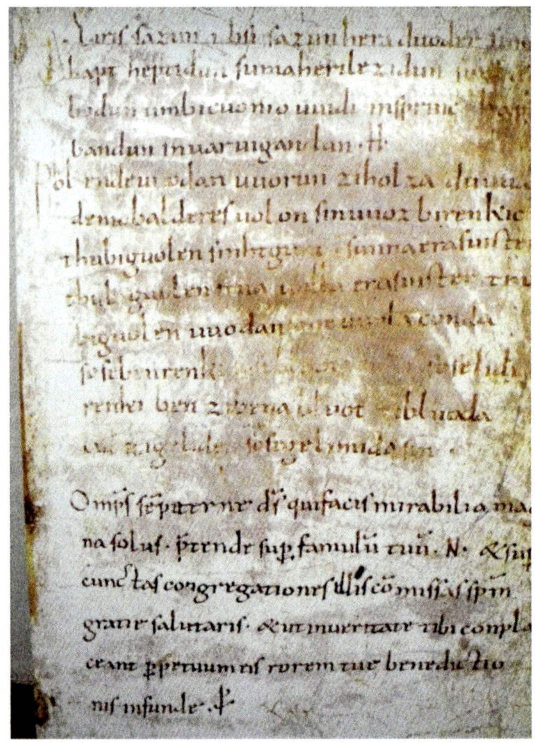

Abb. 320: Merseburger Zaubersprüche

stalten der germanischen Götterwelt zur Heilung einer Fußverletzung und zur Befreiung von Gefangenen aus ihren Fesseln. Jakob Grimm hat sie 1842 in Berlin vor Wissenschaftlern der Öffentlichkeit vorgetragen.

Auf kulturellem Gebiet sind alljährlich die im September stattfindenden *Orgeltage* ein Klangerlebnis der besonderen Art und gehören seit Jahrzehnten zu den musikalischen Höhepunkten im mitteldeutschen Raum und darüber hinaus. Gastspiele berühmter Orchester und Chöre, wie das Gewandhausorchester Leipzig, der Thomanerchor Leipzig und die Regensburger Domspatzen, und das Spielen herausragender Organisten auf der um 1856 erbauten Ladegastorgel im Dom zeugen vom hohen Stellenwert der *Orgeltage*. Die deutsche Orgelbaukunst und Orgelmusik wurde 2017 in die Liste des Immateriellen UNESCO-Kulturerbes aufgenommen.

Abb. 321: Domlanghaus mit Ladegastorgel

Abb. 322: Merseburger Dom mit Kreuzgang

Neben dem Schloss steht das *Ständehaus*, erbaut von 1892 bis 1895 im Stile des Spätklassizismus und Historismus. Es diente von 1895 bis 1933 als Sitz des Landtages der Preußischen Provinz Sachsen und Sitz des Regierungspräsidenten des Regierungsbezirkes Merseburg. Im Jahre 1944 wurde die Provinz Sachsen aufgelöst.

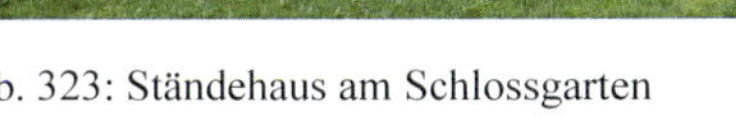

Abb. 323: Ständehaus am Schlossgarten

Abb. 324: Denkmal für König Wilhelm III.

Der *Schlossgarten* nördlich vom Schloss ist Teil des Dom-Schloss-Ensembles. Aus einem ursprünglichen Lustgarten gestaltete Peter Joseph Lenné um 1825 einen Park im Stile eines englischen Gartens. Von seinem ursprünglichen Standort im Kirchenschiff der *Sixti-Ruine* wurde das *Reiterdenkmal* von Friedrich Wilhelm III. an die markante Stelle vis-à-vis vom *Ständehaus* in den *Schlossgarten* umgesetzt. Der Preußenkönig erhielt bei seinem Besuch in Merseburg die Nachricht vom Sieg über Napoleon bei Waterloo am 18. Juni 1815.

Abb. 325: Sixti-Ruine mit Wasserturm

In der Stadt gibt es imposante Gebäude aus dem Mittelalter, darunter die *Sixti-Ruine*, um 1045 als Kirche erbaut und im Dreißigjährigen Krieg zerstört, mit dem zu einem Wasserturm umgebauten Turm, das *Alte Rathaus* aus dem 15. Jahrhundert, die Stadtkirche *St. Maximi* aus den Anfängen des 10. Jahrhunderts sowie viele Wohn- und Geschäftshäuser des aufstrebenden Bürgertums aus dem 18. bis 20. Jahrhundert.

Abb. 326: Altes Rathaus am Markt

Abb. 327: Markt mit Kirche St. Maximi

Durch die Industrialisierung der Stadt und Umgebung auf Grundlage der Braunkohlenförderung im Geiseltal, der Errichtung des Ammoniakwerkes in Leuna 1916 und des Buna-Werkes 1935 mit der großtechnischen Herstellung von synthetischem Kautschuk stieg der Bedarf an Wohnungen. Der Architekt und Stadtbaurat Friedrich Zollinger in Merseburg und der Architekt Karl Barth in Leuna errichteten im Stile einer Gartenstadt mehrere Wohnsiedlungen, in Qualität und Ausstattung getrennt in Beamten- und Arbeitersiedlungen. Die von Friedrich Zollinger entwickelte halbrunde Dachform aus typisierten Sparren mit maschinell vorgefertigten Lamellen von 5 cm Stärke, die vor Ort zu einem netzartigen Gewölbe zusammengesetzt wurden, und das Schüttbetonverfahren garantierten einen preiswerten und schnellen Baufortschritt.
Merseburg ist auch ein Hochschulstandort. Bereits im Jahre 1954 wurde die Technische Hochschule für Chemie zur Heranbildung des wissenschaftlichen Personals in der Chemieregion gegründet. Nach der politischen Wende erfolgte im Jahre 1992 die Neugründung als Fachhochschule Merseburg mit vier Fachbereichen mit Bachelor- und Masterstudiengängen. Heute sind ca. 3.000 Studenten an der Hochschule eingeschrieben.

Abb. 328: Hauptgebäude der Fachhochschule

Auf dem Gelände der Hochschule befindet sich das *Deutsche Chemiemuseum*. Es zeigt auf Freiflächen und in Hallen einzigartige Exponate, die in der mitteldeutschen Region in den chemischen Werken Leuna, Buna und Bitterfeld-Wolfen im Einsatz waren und in großtechnischen Verfahren und Synthesen weltweit Chemiegeschichte dokumentieren.

Abb. 329 : Deutsches Chemiemuseum

Der *Luftfahrt- und Technik-Museumspark* auf dem ehemaligen Flugplatz von Merseburg präsentiert eine einzigartige Sammlung von zivilen und militärischen Fluggeräten, aber auch technische Geräte wie Fahrzeuge und Antriebstechnik, Fotoapparate, Geräte zur Kommunikation sowie Feuerwehrtechnik. Zudem wird über die Luftfahrt- und Technikgeschichte informiert.

Abb. 330: Luftfahrt- und Technikmuseum

Bad Lauchstädt

Abseits von der Saale gelegen ist Bad Lauchstädt eng mit der Geschichte im Merseburger Raum verbunden.
Bad Lauchstädt war im 18. Jahrhundert ein Modebad für den Dresdner Hof unter August III., der ab 1775 für mehrere Jahre seine Sommerresidenz hier einrichtete.
Seit über 200 Jahren ist Lauchstädt geprägt von Goethe und Schiller, der eindrucksvollen Theatergeschichte und seiner Heilquelle.

Abb. 331: Historische Anlage mit Brunnen

Abb. 332: Brunnenquelle

Die Entdeckung der Heilquelle durch den Halleschen Prof. Hoffmann um 1700 war der Ausgangspunkt für die Entwicklung des Modebades und der historischen Theatergeschichte. Eine Reihe Bürgerhäuser im Stile des frühen Klassizismus entstand, die der Stadt ihr im Wesentlichen bis heute erhaltenes Gepräge gab.
Im Zentrum der Stadt und im Kurpark können die historischen Gebäude des einstigen Kurbades besichtigt werden, wie der Kursaal mit der Ausmalung nach Entwürfen von Karl Friedrich Schinkel. Er dient heute als Konzertsaal. Im Park befinden sich die Kolonnaden, die eingefasste Heilquelle, der *Herzogspavillon*, das *Schillerhaus*, ein Bürgerhaus aus dem 18. Jahrhundert und weitere historische Gebäude aus der Zeit des Kurbetriebes.

Das *Lauchstädter Sommertheater* ist der einzige original erhaltene Theaterbau, den der Dichterfürst Johann Wolfgang von Goethe um 1802 errichten ließ. Die Weimarer Hofschauspieler traten hier jahrelang mit berühmten Stücken auf, wie Lessings „Minna von Barnhelm“, Mozarts „Zauberflöte“, Schillers „Kabale und Liebe“ und „Die Räuber“. Die Aufführungen wurden vom wohlhabenden Kurpublikum des kursächsischen Adels, aber auch von den Gelehrten und Studenten der naheliegenden Universität Halle besucht.

Abb. 333: Bühne und Zuschauerraum vom Goethetheater

Nach dem Umbau der Anlagen durch den Hofbaumeister Chryselius 1776 bis 1782 sind die historischen Kuranlagen und Gebäude hauptsächlich bis heute erhalten geblieben. Das Theater mit seiner ursprünglichen, heute noch funktionierenden Bühnenmaschinerie wird alljährlich in den Sommermonaten für Aufführungen genutzt.

Abb. 334: Pavillon und Grünanlagen am Teich

Abb. 335: Teich mit Springbrunnen und Kirchturm

Gepflegte Kuranlagen laden zum Spaziergang ein. Im *Herzogspavillon*, einem Fachwerkbau aus dem Jahre 1735 und damit das älteste Bauwerk der Gesamtanlage, finden Ausstellungen zur Bad- und Theatergeschichte statt.

Abb. 336: Herzogspavillon im Park

Die Heilquelle mit dem berühmten *Lauchstädter Heilbrunnen* sprudelt jedoch nicht mehr, im Jahre 2011 wurde die Produktion eingestellt. Jährlich Anfang Dezember wird im Kurpark mit der Teichanlage und den Kolonnaden der über die Region hinaus bekannte „Christkindl-Markt" veranstaltet. Als einzige Stadt in Deutschland trägt Bad Lauchstädt den Beinamen „Goethestadt".

Abb. 337: Bad Lauchstädter Christkindl-Markt

Schkopau

Schkopau liegt am Rande der Saale-Elster-Aue und wird 1177 erstmals erwähnt. Die *Burg Schkopau* als steinerne Ritterburg ist um 1215 in einem Verzeichnis erwähnt. Der bekannte Bischof Thilo von Trotha ließ in der Folge die Burg zu einem Wohnsitz der Familie von Trotha umbauen. Das Schloss blieb bis zum Jahre 1945 im Besitz der Familie. Im Zuge der Bodenreform wurden sie enteignet und verloren ihren Besitz. Heute ist es nach umfangreicher Sanierung Mitte der 1990er Jahre ein Schlosshotel mit gehobener Ausstattung. Inmitten einer großen Parkanlage als grüne Oase liegt das Schloss an der Saale.

Abb. 338: Schlosseingang
Abb. 339: Rezeption des Schlosshotels
Abb.340: Ostflügel mit Brunnen

In der Nähe, bei Hohenweiden, wurde für die ICE-Schnellstrecke Berlin-Nürnberg eine 8,6 km lange Stahlbetonbrücke zur Überbrückung der Saale-Niederungen und Elster-Auen errichtet.

Abb. 341: ICE-Brücke im Bau

Abb.: 342: ICE-Brücke mit Brückenbogen im Bau

Abb. 343: ICE-Brücke mit Zug in der Saale-Elster-Aue

Die Region um Schkopau ist seit der Errichtung des Synthesekautschukwerkes im Jahre 1936 durch die IG Farben als Chemiestandort geprägt. Nach dem Zweiten Weltkrieg produzierte der VEB Chemische Werke Buna als größter Karbidproduzent die Rohstoffe für die Kunststoffindustrie mit dem bekannten Slogan „Plaste und Elaste aus Schkopau“ und wurde zum größten Umweltverschmutzer der Region. Die Abwässer flossen in die Saale und noch am Wehr in Bernburg zeugten große, weiße Schaumkämme von der schlechten Wasserqualität. Die Fische verendeten in der Saale und baden war auch nicht mehr möglich.

Abb. 344: Hauptgebäude der Chemischen Werke Buna

Abb. 345: Linde-Werk

Seit dem Jahr 2004 ist das Werk Bestandteil des Dow Olefinverbundes, eines Tochterunternehmens des amerikanischen Konzerns Dow Chemical. Es produziert Grundstoffe für die Herstellung von Farben, Kunststoffen wie Polyethylen und Propylen, Klebstoffen, Verpackungen und Dämmstoffen wie Polystyrol. Die Herstellung von Chlor ist ein weiteres wichtiges Produkt aus der umfangreichen Produktionspalette. In unmittelbarer Nachbarschaft zum Werk produziert das modernste, im Jahr 1996 in Betrieb genommene Braunkohlekraftwerk Strom und Prozessdampf für die chemische Industrie und das öffentliche Stromnetz.

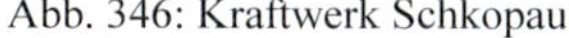

Abb. 346: Kraftwerk Schkopau

Abb. 347: Kraftwerk bei Nacht

Nach der umfassenden Neugestaltung der chemischen Werke in Leuna und Schkopau mit der Klärung der Abwässer durch moderne Kläranlagen wurde die Qualität des Wassers der Saale derart verbessert, dass zahlreiche Fischarten wieder angesiedelt sind.

In der Saale-Elster-Aue zwischen Merseburg und Halle sind wieder zahlreiche Tierarten anzutreffen. Hier brüten die Rohrdommel, Rot- und Schwarzmilane und Kiebitze. Auch zahlreiche Amphibien und Reptilien leben in dem nassen, im Frühjahr oft überschwemmten Auengelände. Ganzjährig sind Graugänse in der Aue und den angrenzenden Wallendorfer und Rassnitzer Seen heimisch.

Abb. 348: Kiebitz

Abb. 349: Graugänse

Abb. 350: Schwarzmilan

In der Saale-Elster-Aue bei Kollenbey befindet sich eine seit 1908 erwähnte Brutkolonie der Graureiher als einst größte ihrer Art in Europa. Das *Kollenbeyer Holz* ist seit 1961 als Naturschutzgebiet ausgewiesen. Der Höhepunkt der Besiedlung mit Graureihern wurde im Jahre 1990 mit 420 besetzten Horsten erreicht. Nach dem Jahr 2004 setzte der Rückgang der Besiedelung ein. 2010 waren nur noch 56 Horste belegt. Die rasche Ausbreitung der Waschbären in diesem Gebiet, die bis in die Wipfel der Bäume stiegen und die Eier aus den Nestern räumten, führte zum Niedergang der Brutkolonie. Heute sind nur noch wenige Grau-und Silberreiher in der Saale-Elster-Aue anzutreffen.

Abb. 351: Rohrdommel

Abb. 352: Graureiher bei der Fütterung

Abb. 353: Fischadler

Halle

Salzgewinnung und der Salzhandel durch die Hallorenbrüderschaft begründeten im Mittelalter Halles Aufstieg zu einer reichen Handelsstadt. Halle blickt auf über 1.000 Jahre gewerbliche Salzgewinnung zurück. Zeitweilig gab es zwei Salinen-Salzwerke in Halle.
In der Residenzstadt von Kardinal Albrecht von Brandenburg entstanden in den Jahren 1513 bis 1541 prachtvolle, bis heute erhalten gebliebene Renaissancehäuser in der Innenstadt.
Durch die Gründung der Universität Halle im Jahre 1694 wurde Halle zu einem wichtigen geistlichen Zentrum im mitteldeutschen Raum. An der Universität hat Dorothea Erxleben 1754 als erste Frau in Deutschland das Doktorexamen abgelegt. Im Jahre 1817 erfolgte die Vereinigung der Universitäten Halle und Wittenberg. Die Universität ist heute mit zahlreichen Instituten, Lehr- und Forschungseinrichtungen über das gesamte Stadtgebiet verteilt. Besonders hervorzuheben ist das *Löwengebäude* im klassizistischen Stil als Hauptgebäude der Alma Mater.

Abb. 354: Löwengebäude der Universität

Mit dem 1689 begonnenen Aufbau der *Franckeschen Stiftungen* als Waisenhaus durch August Hermann Francke entstand ein Zentrum der Frühaufklärung und des Pietismus. In den folgenden Jahren entwickelte sich daraus eine Schulstadt mit Internat, Buchhandlung, Schulräumen und Apotheke, die sowohl Waisenkindern als auch Kindern aus der gehobenen Bürgerschaft die Schulbildung ermöglichte. Die Räume der Stiftung beherbergen heute weltweit anerkannte Forschungs- und Bildungseinrichtungen. Die Stiftungen sind eine eigene kleine Stadt in der Stadt und wurden von der UNESCO in die Liste des kulturellen Welterbes aufgenommen.

Abb. 355: Hauptgebäude der Franckeschen Stiftungen

Abb. 356: Franckes Wohnhaus

Abb. 357: Straße mit Stiftungsgelände

Abb.358: Denkmal für A. H. Francke

Die *Burg Giebichenstein* stammt aus dem 10. Jahrhundert und war die Residenz der Erzbischöfe von Magdeburg. Im Dreißigjährigen Krieg zerstört blieb die Oberburg als Ruine erhalten, während die Unterburg aus dem 15. Jahrhundert ab 1920 als Kunstgewerbeschule ausgebaut wurde und bis heute noch als Kunsthochschule besteht. Die Oberburg ist heute Architektur- und Freilichtmuseum.

Abb. 359: Burg Giebichenstein mit Saale-Brücke

Abb.:360: Burg Giebichenstein mit Dampfer

Die einstige Bedeutung der mit dem Salzhandel reich gewordenen Stadt zeigt sich auf dem großen Marktplatz. Fünf Türme prägen das Bild: der spätgotische *Rote Turm* mit 84 m Höhe, erbaut zwischen 1418 und 1506 als stolzes Bauwerk des selbstbewussten Bürgertums, und die Türme der Marktkirche *Unser Lieben Frauen*, die um 1528 erbaut wurden. Im *Roten Turm* ist das größte Glockenspiel Deutschlands mit 80 Glocken unterschiedlicher Größe von 10 kg bis 2.000 kg installiert. Vor dem Turm wurde 2006 wieder ein *Roland* aufgestellt. Auf dem Marktplatz steht seit 1858 das repräsentative Denkmal für den berühmten Sohn der Stadt, Georg Friedrich Händel. In einer Seitenstraße unweit vom Marktplatz steht sein Geburtshaus, in dem er am 23. Februar 1685 geboren wurde. Heute wird das *Händelhaus* für verschiedene kulturelle Veranstaltungen und als Museum genutzt. Westlich der Kirche befindet sich der *Hallmarkt*, der mittelalterliche Siedlungskern von Halle und Zentrum der Salzgewinnung. Seit 1999 ziert ihn der *Göbelbrunnen* mit acht Bronzefiguren zur Geschichte der Stadt.

Abb. 361: Kirche, Händeldenkmal und Roter Turm

Abb. 362: Kirchtürme und Hallmarkt mit Göbelbrunnen

Der Dom in seiner heutigen Gestalt ist eng mit dem Wirken von Kardinal Albrecht verbunden. Er ließ die ursprünglich als Klosterkirche des Dominikanerordens erbaute dreischiffige Hallenkirche um 1520 zu seiner prächtigen Residenz umbauen. Zu seiner Regierungszeit besaß die Kirche eine prächtige Innenausstattung, von der heute nur noch wenig vorhanden ist. In unmittelbarer Nachbarschaft zum Dom befindet sich die *Neue Residenz*, die Kardinal Albrecht 1531 als Wohnschloss im Renaissancestil erbauen ließ. Nach dem Weggang des Kardinals aus Halle im Jahre 1541 verlor die Residenz an Bedeutung und wurde zeitweise von der Universität genutzt.

Abb. 363: Dom

Die *Moritzburg* mit zwei starken Rundtürmen als Bollwerk gegen anrückende Feinde ließ der Erzbischof Ernst ab dem Jahre 1484 errichten. Bis zum Dreißigjährigen Krieg blieb die *Moritzburg* Residenz der Erzbischöfe, auch für Kardinal Albrecht. Durch die schwedische Besatzung wurde die Burg im Jahre 1639 zur Ruine. Erst nach 1991 wurden Sanierungs- und Umbaumaßnahmen unter denkmalpflegerischen Aspekten vorgenommen. Heute ist die *Moritzburg* das *Landeskunstmuseum Sachsen-Anhalt* mit ständig wechselnden Ausstellungen berühmter Künstler wie Lionel Feininger, Paul Klee, Emil Nolde sowie der Gruppen „Blauer Reiter“ und „Die Brücke“. Die Sammlung an Plastiken umfasst Werke berühmter Bildhauer wie Auguste Rodin, Max Klinger, Ernst Barlach und andere. Nach einem international ausgerichteten Architekturwettbewerb wurden die Innenräume neu konzipiert und es wurde eine futuristische Gestaltung des Dachgeschosses in einer Kombination aus Glas und Aluminium vorgenommen.

Abb. 364: Moritzburg mit Burggraben

Abb. 365: Innenhof der Moritzburg mit Museum und Kapelle

Gegenüber der *Moritzburg* befindet sich ein Forschungszentrum von hohem wissenschaftlichem Rang, die *Leopoldina*. Sie wurde bereits 1652 gegründet und ist damit eine der ältesten Akademien der Welt. Große Persönlichkeiten wie Albert Einstein, Max Planck, Alexander von Humboldt und Johann Wolfgang von Goethe waren Mitglieder der *Leopoldina*. In der „Deutschen Akademie der Naturforscher Leopoldina“ arbeiten gegenwärtig ca. 1.500 Mitglieder, darunter mehrere Nobelpreisträger aus aller Welt. Sie wurde im Jahre 2008 in den Rang der „Nationalen Akademie der Wissenschaften“ erhoben. Ihre Aufgabe ist die Vertretung der deutschen Wissenschaft in internationalen Gremien und die Beratung der deutschen Politik in gesellschaftlichen Fragen.

Die erdgeschichtliche Bedeutung des mitteldeutschen Raumes wird im *Landesmuseum für Vorgeschichte Halle* dargestellt. Es gehört mit seinen über 10 Mio. Fundstücken aus der Alt-, Mittel- und Jungsteinzeit sowie der Bronzezeit zu den wichtigsten archäologischen Museen Mitteleuropas. Es zeigt als besondere Exponate das Skelett eines Mammuts aus dem Geiseltal und die Himmelsscheibe von Nebra, einen Bronzefund mit Goldapplikationen aus der frühen Bronzezeit vor 3.600 Jahren mit Sternendarstellung. Die weltweit älteste Darstellung kosmischer Bilder wurde im Jahre 2013 in das UNESCO-Welterbe schützenswerter Dokumente aufgenommen.

Abb. 366: Leopoldina

Abb. 367: Himmelsscheibe von Nebra

Das *Salinemuseum am Gimritzer Damm* beherbergt den Silberschatz der Halloren, der Salzwirkerbrüderschaft. Beim Schausieden werden den Besuchern die alte Tradition der Salzgewinnung durch Verdampfung der Sole in riesigen Pfannen und der Silberschatz mit über 90 Pokalen und Bechern gezeigt. Die Herstellung von Salz durch Sieden wurde bereits im Jahre 1869 eingestellt. Trotz umfangreicher Abrissmaßnahmen in den 1970er Jahren gehört das noch vorhandene Ensemble mit der Saline-Architektur des 18. bis 20. Jahrhunderts zu den bedeutendsten Saline-Denkmalen Deutschlands.

Abb. 368: Salinegebäude mit Salinemuseum

Abb. 369: Historische Darstellung der Salzgewinnung
Abb. 370: Hallorentracht
Abb. 371: Halloren in Tracht

Abb. 372: Trocknung des Salzes im Museum

Abb. 373: Salzlager im Museum

Das in der Gründerzeit entstandene *Paulusviertel* im nördlichen Teil der Stadt zeigt mit den Villen und Bürgerhäusern nach der Restaurierung noch das alte Halle und steht unter Denkmalschutz. Um die fünftürmige *Pauluskirche* sind die Straßen ring- und strahlenförmig angelegt.

Das Landgerichtsgebäude am Hansering um 1905 erbaut wirkt in seiner imposanten Größe durch die reich verzierte Fassade. Hier sind Elemente unterschiedlicher Baustile vereint: Historismus, Gotik, Renaissance und Jugendstil. Nach umfangreicher Sanierung wurde das Gebäude 2013 wiedereröffnet.

Abb. 374: Pauluskirche

Abb. 375: Landgericht

Abb. 376: Portal des Landgerichts

Halle ist auch eine Stadt der Musik und des Schauspiels mit insgesamt fünf Theaterbühnen und einem Staatsorchester.
Im Zentrum der Stadt befindet sich das Theater. Im Jahre 1886 wurde es als *Stadttheater Halle* eröffnet und bei den schweren Bombenangriffen 1945 stark zerstört. Die Wiedereröffnung erfolgte als *Landestheater Sachsen-Anhalt* im Jahre 1951. Seit 1992 fungiert es als *Oper Halle* und erlangte mit jährlichen Neuproduktionen von Opern Georg Friedrich Händels auch internationale Bedeutung.

Abb. 377: Theater

Ein besonderes Museum findet man in der *Halleschen Schokoladenfabrik*, der ältesten ihrer Art in Deutschland, um 1804 gegründet. Im Mittelpunkt des Schokoladenmuseums steht das 2004 eingerichtete Schokoladenzimmer, welches von dem Künstler Gerhard Petzl und den Halloren Chocolatiers in einzigartigem Detailreichtum aus verschiedenen Schokoladenarten und Marzipan neugestaltet wurde.

Abb. 378: Schokoladenzimmer im Hallorenmuseum

Abb. 379: Hallorenfabrik

Ein großes Sommerfest Ende August ist das *Laternenfest* entlang der Saale von der *Peißnitzinsel* bis zur *Burg Giebichenstein*. Tausende Lichter auf und neben der Saale, in kleinen Schalen schwimmende Kerzen und geschmückte beleuchtete Schiffe ziehen viele Besucher an.

Der krönende Abschluss ist das Höhenfeuerwerk an der *Burg Giebichenstein*, begleitet von den Klängen der Feuerwerksmusik von Georg Friedrich Händel. Die jährlich im Juni stattfindenden *Händelfestspiele* mit Künstlern von internationalem Rang sind der Höhepunkt der Kulturveranstaltungen in Halle und finden auf der *Freilichtbühne in der Galgenbergschlucht* ihren krönenden Abschluss.

Abb. 380: Laternenfest

Abb. 381: Brücke und Boote beim Laternenfest

Der *Amtsgarten* mit seiner exponierten Lage am Saale-Ufer und in der Nähe zur *Burg Giebichenstein* bildet mit der Parkanlage auf der *Peißnitzinsel* im Bereich der *Klausberge* den landschaftlichen Übergang zur Saale-Aue und steht in der Liste der 40 bedeutendsten Gartenanlagen in Sachsen-Anhalt. Um 1740 wurde der Garten als prächtiger Barockgarten mit einem Springbrunnen und seltenen Gehölzen angelegt. 1773 wurde der Garten vom Saale-Hochwasser teilweise zerstört und zu einem Landschaftsgarten nach Vorbild des Wörlitzer Parks und Goethes Garten in Weimar umgestaltet. Zwischen 1907 und 1909 erfolgte die Gestaltung in seiner heutigen Form mit terrassenartig angelegten Rosengärten und Blumengärten mit zahlreichen Pergolen und Sitzbänken. In der Nähe der *Burg Giebichenstein* befindet sich auch der 3 ha große *Reichardts Garten* im Stile eines englischen Landschaftsparks. Der Komponist Johann Friedrich Reichardt empfing in seinem auch „Herberge der Romantik“ genannten Anwesen berühmte Dichter und Gelehrte wie Goethe, Novalis, Brentano und Tieck.

Unteres Saaletal

Abb. 382: Blick von der Burg Giebichenstein auf die Saale

Die Landschaft nördlich von Halle bis Wettin liegt im Wetterschatten des Harzes. Die Saale durchbricht hinter der *Burg Giebichenstein* einen Porphyrgesteinsriegel. In weiten Schleifen durchfließt sie fortan die Kulturlandschaft *Unteres Saaletal*.

Der Naturpark *Unteres Saaletal* erstreckt sich bis über Bernburg hinaus. Hier wächst eine Vielfalt von kontinentalen Pflanzenarten wie Graslilien, Mauerpfeffer, Frühlingsadonisröschen, die Kuhschelle und das kleine Knabenkraut. Große und kleine Mischwälder, zahlreiche Streuobstwiesen und die wunderschönen Porphyrkuppen sorgen für abwechslungsreiche Landschaften am Flussverlauf. Der rote Porphyr ist ein markantes Merkmal dieser Kulturlandschaft.

Abb. 383: Knabenkraut

Abb. 384: Natternkopf

Abb. 385: Wollgras

Auf den Streuobstwiesen und feuchten Auen lebt allerlei Getier der niederen Tierarten wie Rebhuhn, Fasan, Rot- und Schwarzmilane, Weißstörche, Nachtigallen und Kleinreptilien, z.B. Zauneidechsen. Die Greifvögel Rot- und Schwarzmilan brüten mit einem Anteil von 50% des europäischen Gesamtbestandes in den Gefilden des *Unteren Saaletales*.

Abb. 368: Eidechse

Abb. 387: Rotmilan

In diesem Gebiet leben verschiedene Brutvogelarten, Habicht und Bussard, Rebhuhn, Waldohreule und Bienenfresser sowie Schwarzspecht und Grauammer. An den Hanglagen gedeihen Hainbuchen- und Traubeneichenwälder, und in den Talbereichen

Abb. 388: Bienenfresser

gibt es Streuobstwiesen mit Steppenflora, Frühlingsblühern und wilden Orchideen, insgesamt 90 kostbare Arten von Pflanzen und Tieren. Weiter abwärts am Fluss finden sich Porphyrfelsen auch bei Wettin und Rothenburg.

Die Saale hat im gesamten Verlauf zwischen der *Burg Giebichenstein* und Könnern keine einzige Brücke. Für den Übergang über den Fluss sorgen die Fähren in Brachwitz, Wettin und Rothenburg. Um ans linke Saale-Ufer zu gelangen, ist in der Region zwischen Halle und Könnern die Benutzung der Fähren erforderlich.

Abb. 389: Fähre bei Brachwitz

Eine geologische Besonderheit an der Saale in diesem Raum sind die *Brachwitzer Alpen*, eine 90 bis 130 m hohe Porphyrlandschaft und das Durchbruchstal der Saale von Friedeburg bis Rothenburg. Auffallend sind die steil aufragenden Porphyrfelsen, die in früheren Jahren teilweise als Steinbrüche genutzt wurden.

Abb. 390/391: Porphyrfelsen im Unteren Saaletal

Die *Weiße Wand* bei Dobis stellt ein steingewordenes Dokument des Wechsels der Klima- und Ablagerungserscheinungen der anliegenden Gesteinsarten Porphyr, Malachit und Zechstein dar. Sie zeugen von vulkanischen Hebungen im Bereich der *Mansfelder Mulde* im mitteldeutschen Raum während der zeitgeschichtlichen Epochen des Unter- und Oberperm.

Abb. 392: Weiße Wand bei Dobis

Abb. 393: Jachthafen bei Salzmünde

Für Wasserwanderer gibt es am Flussverlauf zahlreiche Bootsanlegestellen und Marinas, die zum Verweilen und zu Ausflügen in die nähere Umgebung einladen, z.B. zur *Wassermühle* und zur *Bockwindmühle* in Krosigk.

Abb. 394: Eingangsbereich der Wassermühle Krosigk

Abb.395: WassermühleKrosigkmitMühlrad

Auch einige Mühlen am Unterlauf der Saale, wie die Wassermühlen in Holleben sowie die *Pögritzmühle* bei Wettin, sind noch erhalten und öffnen zum *Mühlentag* am Pfingstmontag für interessierte Besucher.

Abb. 396: Pögritzmühle

Brachwitz

Wer dem Saale-Radweg von Halle aus nach Norden folgt, gelangt in das Gebiet der *Brachwitzer Alpen* mit interessanten Felsformationen. Dieses einzigartige Naturschutzgebiet von ca. 152 ha Größe ist geprägt von Porphyrfelsen, Trockenrasen und Hängen mit Buschwerk.

Abb. 397/398: Felsformationen der Brachwitzer Alpen

Für Radwanderer und Autoverkehr kann die nördlich von Brachwitz liegende Fähre genutzt werden. Der an der Saale befindliche Campingplatz bietet Möglichkeiten für Tages- und Mehrtagestouristen zum Abstellen von Wohnmobilen, Sport- und Motorbooten. Von dem Wasserrastplatz *Marina Brachwitz* können Wassersportler die Saale stromaufwärts bis Halle und stromabwärts bis Bernburg erkunden. Bei dem Hochwasser 2013, dem größten seit Erbauung der Saale-Talsperren, waren weite Gebiete der Saale-Auen überschwemmt und der Fährbetrieb in Brachwitz und Wettin musste eingestellt werden.

Abb.399: Fähre bei Brachwitz

Abb.400: Marina Brachwitz

Abb. 401: Blick auf Porphyrfelsen und Saale, im Hintergrund Wettin

Wettin

Unweit von Halle liegt an der Saale auf einem steilen Porphyrfelsen die *Burg Wettin*. Sie wurde im Jahre 961 erstmals erwähnt und besteht aus zwei Teilen, der Oberburg im Westen und der Unterburg im Osten. Dazwischen liegen der Gutshof und die Wirtschaftsgebäude. Der gesamte Burgkomplex hat eine Länge von 500 m und eine Breite von 100 m und war einst von einer eigenen Stadtmauer umgeben.

Von der *Burg Wettin* aus hat das später durch geschickte Heiratspolitik weit verzweigte Fürstengeschlecht, nach ihrem Stammsitz die „Wettiner" genannt, seinen Siegeszug in die Adelshäuser Deutschlands und Europas angetreten. Ihr Reichtum basierte auf Silberfunden beim Bergbau im Erzgebirge. Mit ihrem Machteinfluss in Deutschland sicherten sie die Reformation Luthers.

Das Haus Wettin zählt mit seiner über 900-jährigen Geschichte zu den ältesten deutschen Fürstenhäusern und zu den Eliten des europäischen Hochadels.

Abb. 402: Blick von der Fähre auf Burg Wettin

Aus der Dynastie gingen seit dem hohen Mittelalter Markgrafen, Herzöge und Kurfürsten für Fürstentümer in Deutschland, aber auch Könige und Herrscher für Polen, Portugal, Belgien und Großbritannien hervor. Konrad der Große gilt als Stammvater der Wettiner. Auf der Darstellung des Fürstenzuges auf dem weltweit größten Porzellanbild am *Marstall* des *Dresdener Schlosses* führt Konrad die Dynastie der Wettiner Fürsten an.

Abb. 403: Konrad der Große im Fürstenzug

Derzeit sind die britische Königin Elisabeth II. und Prinz Philippe von Belgien regierende Herrscher aus wettinischer Abstammung der Ernestinischen Linie. Das Geschlecht der Wettiner wird im Jahre 1485 in zwei Linien geteilt, die Ernestinische und die Albertinische Linie. Kurfürst Friedrich der Weise aus der Linie der Ernestiner gründete im Jahre 1502 die Universität Wittenberg und unterstützte die Reformbestrebungen Martin Luthers.

Der wohl bekannteste Monarch aus der Linie der Albertiner war August der Starke, König von Polen und Kurfürst von Sachsen. Das Land wird später in kleine Herzogtümer aufgespaltet. Jedes kleine Herzogtum will Bleibendes schaffen und so entstehen prachtvolle Schlösser, wunderschöne Parkanlagen und Museumsbauten mit Kunstsammlungen von weltlicher Bedeutung wie später am Dresdner Hof das *Grüne Gewölbe*, die Gemäldegalerie *Alte Meister*, der *Mathematisch-Physikalische Salon* und die *Porzellansammlung*.

Abb. 404: August der Starke im Fürstenzug

Auf der *Burg Wettin* ist seit 1991 durch den Landkreis Saalekreis das Burggymnasium mit dem Fachbereich Kunst als Lehreinrichtung angesiedelt.

Sehenswert ist im Ort das im Jahre 1662 errichtete Rathaus im Renaissancestil. Das Wahrzeichen der Stadt ist aber der 1905 gebaute

Abb. 405: Bismarckturm

imposante *Bismarckturm*. Als Baumaterial für den 22 m hohen Turm wurde Porphyr aus der Region verwendet.

Von hier oben hat man einen großartigen Rundblick auf Wettin und die Burg, auf die Halden des Kupferbergbaus im *Mansfelder Land*, Richtung Halle zum *Petersberg*, Richtung Harzvorland mit *Kyffhäusergebirge* und in die Saaleniederungen mit dem *Kloschwitzer Blütengrund*.

Abb. 406: Saale-Landschaft bei Wettin

Abb.: 407: Saale-Blick von der Burg

Nur etwa 1 km entfernt von Wettin befindet sich ein historisches Kleinod. Im Gelände eines Gutshofes steht auf dem Wirtschaftshof die Templerkapelle *Unser Lieben Frauen*, als eine der wenigen in Deutschland noch erhaltenen Bauwerke des Templerordens. Die Tempelritter beteiligten sich an den Kreuzzügen in das Heilige Land nach Jerusalem. Gründer des Templerordens war Konrad von Brehna im Jahre 1269. Die turmlose, frühgotische und einschiffige Templerkapelle mit der Backsteinfassade stammt aus der zweiten Hälfte des 13. Jahrhunderts, ca. um 1270/1280.

Abb. 408: Templerkapelle

Abb. 409: Innenansicht der Templerkapelle

Nach der Aufhebung des Templerordens um 1312 fielen die Besitzungen an die Johanniter und später an die Augustinerchorherren von Krakau, und das blieb so bis in das 16. Jahrhundert. Später ging das Gut in Privatbesitz über. Es wurde aufgelöst und nur die Kapelle blieb bestehen. Seit 2008 wird der Erhalt durch einen Förderverein gesichert. Zum jährlichen Burgfest Mitte September treffen sich dort die Tempelritter.

Abb. 410: Leuchter in der Kapelle

Kloschwitz

Urkundlich erwähnt wurde Kloschwitz bereits 1209. Der Ort gehörte zur Grafschaft Mansfeld und wurde nach dem Wiener Kongress 1816 der preußischen Provinz Sachsen angeschlossen. Seit 1950 gehört Kloschwitz zum Saalkreis im Bezirk Halle, heute zum Saalekreis im Land Sachsen-Anhalt.
In einem weiten Bogen der Saale liegt das Dorf umgeben von großen Obstplantagen und kleinen Wäldchen. Die Gegend ist im Frühling ein einziges Blütenmeer. Die üppige Natur und vielfältige Tierwelt – in der Nähe befindet sich das geschützte Naturreservat für Graureiher und Weißstörche – ist zum *Blütenfest* mit einem Schlauchbootrennen am letzten Aprilwochenende das Wanderziel vieler Besucher. Schon seit 1891 wird das Blütenfest mit der Wahl einer Blütenkönigin im Ort veranstaltet.

Abb. 4113: Kirschblüte im Blütengrund

Abb. 412: Weißstörche in der Saale-Aue

Abb. 4135: Weißstorch im Flug

Abb. 414: Graureiher beim Fischfang

Rothenburg

Die Gegend um Rothenburg war schon zur Steinzeit besiedelt. Davon zeugen Steinkisten- und Hünengräber sowie Münzfunde aus der Römerzeit. Um 961 wird die Errichtung einer Burg urkundlich erwähnt. Das Burggelände gewährt einen guten Ausblick ins Saaletal, das hier ein Teil des Landschaftsschutzgebietes *Unteres Saaletal* ist.

Abb. 415: Porphyrfelsen

Abb. 416: Rastplatz am Saale-Radweg bei Friedeburg

Bedeutung erhielt der Ort durch den Kupferschieferbergbau vom 16. bis 19. Jahrhundert. Im 19. Jahrhundert wurde die Schmelzhütte abgerissen. Auf dem Gelände entstand ein Qualitäts- und Edelstahlwerk. Daraus hervorgegangen sind die heutigen Drahtseilwerke in Privatbesitz als größter Industriebetrieb und wichtigster Wirtschaftszweig im Ort.

Abb. 417: Drahtseilwerk

Sehenswert ist die *Kirche St. Marien*, die im Jahre 1844 mithilfe einer Stiftung des Preußenkönigs Friedrich Wilhelm IV. aus örtlichen Rotsandsteinquadern erbaut wurde.

Die Gemeinde setzt zunehmend auf den Ausbau des Tourismus und ist Sitz der Verwaltung des Naturparks *Unteres Saaletal*.

Abb. 418: Kirche St. Marien

Könnern

Östlich des Harzes, in der Mitte Sachsen-Anhalts, liegt das alte Ackerstädtchen Könnern im Naturpark *Unteres Saaletal*. Das Rathaus ist das Zentrum der Stadt und wurde 1862 im klassizistischen Stil mit einem markanten Mittelturm erbaut. Das Wahrzeichen der Stadt ist die spätromanische *Stadtkirche St. Wenzel* mit dem Westturm aus rotem Porphyr und der barocken Doppelhaube.

Abb. 419: Rathaus

Abb. 420: Kirche St. Wenzel

Ein beliebtes Ausflugsziel ist die direkt an der Saale liegende *Georgsburg*, ein am Ende des 19. Jahrhunderts errichtetes kleines Schloss, das heute zu einem Baubetrieb gehört.

Abb. 421: Georgsburg

Abb. 422: Saale an der Georgsburg

In der Nähe der Stadt hat sich ein großer Industriebetrieb angesiedelt, eine der modernsten Zuckerfabriken Europas. Damit wurden viele Arbeitsplätze in der strukturarmen Region geschaffen.
Mit einer Tagesproduktion von 16.500 t Rübenverarbeitung wird Raffinade und Weißzucker für den Haushalt und Industriebedarf hergestellt.

Abb. 423: Zuckerfabrik

Alsleben

Das Städtchen Alsleben liegt am linken Ufer der Saale im östlichen Harzvorland und wurde im Jahre 973 erstmals erwähnt. Lange Zeit bestimmten die Schifffahrt auf der Saale und der Betrieb der *Saalemühle* die Entwicklung der Stadt. Um das Jahr 1212 wird erstmalig eine Stadtmühle erwähnt. Seit dieser Zeit ist das Mühlengewerbe in Alsleben ansässig und prägend für den ganzen Ort. Die historischen und heute wieder sanierten Gebäude stammen aus dem 19./20. Jahrhundert. 1996 wurde am Rande des Ortes eine neue Mühle als modernste Getreidemühle Europas erbaut, die 100 Mitarbeitern Beschäftigung bietet.

Abb. 424: Saalemühle

Einige Bauwerke sind sehenswert, wie die 1928 errichtete Spannbetonbrücke als erste ihrer Bauart in Deutschland, die *Kirche St. Cäcilie* mit Turm und Kirchenschiff aus unterschiedlichen Jahrhunderten und das im Jahr 1880 im norddeutschen Stil mit roten Backsteinen errichtete Rathaus. Erwähnenswert ist auch das *Schloss Schäferberg*, im Jahre 1725 zum Barockschloss umgebaut. Der Schiffsbau auf den Werften im Ortsteil Mukrena ist heute noch ein wichtiger Wirtschaftsfaktor für die Stadt.

Abb. 425: Kirche St. Cäcilie

Abb. 426: Rathaus am Markt

Schloss Plötzkau

Auf einem Felsvorsprung gebaut und weithin sichtbar beherrscht das *Schloss Plötzkau* eindrucksvoll die Saale-Aue. Erstmals wird um 1049 eine Burg der Grafen von Plötzkau erwähnt. Um diese kämpften die Askanier und die Welfen. 1152 gelangte die Burg in den Besitz der Askanier. Die Besitzverhältnisse änderten sich mehrfach.

Abb. 427: Schloss Plötzkau

Abb. 428: Schlossturm

Abb. 429: Verzierung über der Eingangstür

Im 16. Jahrhundert befand sich die Burg in einem schlechten Zustand und wurde als Schloss im Renaissancestil neuerbaut. Ab 1611 war Plötzkau für rund 50 Jahre das Fürstentum Anhalt-Plötzkau mit eigener Armee und Verwaltung, allerdings auch eines der kleinsten Fürstentümer Deutschlands. In dieser Zeit erfolgten Umbauten im barocken Stil sowie eine luxuriöse Innenausstattung. Charakteristisch sind die Giebelhauben des Gebäudes.

Ab Mitte des 18. Jahrhunderts diente das Schloss als Lack- und Tabakwarenfabrik, Straf- und Besserungsanstalt, Verwaltungsgebäude sowie nach dem Zweiten Weltkrieg als Flüchtlingsunterkunft und Museum. Ab dem Jahre 1996 begann die umfassende Sanierung der Anlage. Heute ist das Schloss ein beliebtes Ausflugsziel mit interessanten Ausstellungen.

Bernburg

Am östlichen Saale-Ufer erhebt sich auf einem Sandsteinfelsen *Schloss Bernburg*, das ehemalige Residenzschloss des Fürstengeschlechts der Askanier. Erstmals erwähnt wurde eine Burg und Siedlung 961 in einer Schenkungsurkunde von Otto I. Im 16. Jahrhundert erfolgte der Ausbau zu einem Renaissanceschloss. Das gesamte Ensemble des Schlosses wird bestimmt von Bauten aus dem 16. Jahrhundert. Ein besonderes Baudenkmal auf dem Schlossgelände ist der *Eulenspiegelturm* aus dem 12. Jahrhundert mit seinen bis zu 3 m starken Mauern. Er trägt seit dem 17. Jahrhundert den Namen „Till Eulenspiegel" und ist das größte Denkmal, das dem Volkshelden gewidmet wurde.
In der ersten Hälfte des 14. Jahrhunderts soll der Schalk hier gewesen sein. Der Narr stand als Nachtwächter und Turmbläser im Dienste der Grafen von Anhalt. In der Türmerstube hielt er Ausschau nach Feinden und blies falschen Alarm, um sich listig eine Mahlzeit an der ritterlichen Tafel bei den sofort ausrückenden Söldnern zu sichern. Heute ist in der Türmerstube eine Ausstellung mit der lebensgroßen Figur von Till Eulenspiegel zu sehen, in der mit Videotechnik sein Streich erzählt wird. Von dem 44 m hohen Turm mit dem ziegelgedeckten Kegeldach bietet sich den Besuchern ein weiter Blick ins Saaletal und in Richtung Harz.

Abb. 430: Schloss Bernburg

Abb. 431: Eulenspiegelturm

Abb. 432: Eulenspiegelraum

Innerhalb der starken Stützmauern am Schloss zum Saalehang befindet sich das Bärengehege mit zwei Braunbären. Das Wappentier Sachsen-Anhalts wird hier seit 1860 artgerecht gehalten und ist eine Attraktion für kleine und große Besucher.

Abb. 433:: Bärengehege am Schloss

Der Stadtteil Waldau wurde bereits um 800 in einer Klosterchronik erwähnt. Die eigentliche Stadtgründung begann im 12./13. Jahrhundert mit der Ansiedlung am Saale-Werder in der Talstadt mit dem Zentrum *Marienkirche*. Bereits 1219 wurde an der Saale eine Mühle betrieben, 1239 wurde die erste Brücke gebaut. Mitte des 13. Jahrhunderts entstand eine weitere Ansiedlung, die Neustadt mit dem Mittelpunkt *Nikolaikirche*. Sie ist im frühgotischen Stil erbaut und blieb unvollendet. 1278 kam es zur Vereinigung der beiden Siedlungen mit der Verleihung des Stadtrechts. Der Hochwasserstand der Saale im Jahre 1465 ist in einem Steinkreuz gemeißelt an der *Kirche St. Nikolai* zu sehen.

Unweit der Kirche befindet sich ein bedeutendes technisches Denkmal, die *Waldauer Flutbrücke*. Einst im 17. Jahrhundert als Holzbrücke errichtet, wurde sie oft durch Hochwasser und Eisgang zerstört. Die steinerne Brücke mit sechs mächtigen Bögen wurde um 1787 erbaut und wird heute noch genutzt.

Abb. 434: Waldauer Flutbrücke

In der Nähe befindet sich die am Ende des 12. Jahrhunderts erbaute Waldauer *Dorfkirche St. Stephani*. Ihre erste urkundliche Erwähnung erfolgte in einer Urkunde von 964. Heute ist sie in die Straße der Romanik in Sachsen-Anhalt integriert.
Im Inneren der Kirche dominiert die romanische Schlichtheit. Eine Besonderheit im Kirchenraum sind zwei frühromanische Grabplatten im Türbereich.

Im Jahre 1326 begann die Besiedlung rund um den *Burgberg*, wo die Askanier herrschten. Erst im Jahre 1825 kam es mit der Vereinigung der Talstadt mit der Bergstadt am Schloss zur Bildung der Stadt Bernburg.

Abb. 435: Waldauer Dorfkirche St. Stephani

Die *Schlosskirche St. Aegidien* ist romanischen Ursprungs. Charakteristisch für die Kirche ist das Nebeneinander verschiedener Baustile. Der heute dominierende Barockstil geht auf den Umbau im Jahre 1752 zurück. In der Gruft der Kirche befinden sich die Familiengräber des Fürstengeschlechts der Askanier.
Das Rathaus im Zentrum der Stadt wurde im Stile des Historismus erbaut. Dabei wurde ein historisches Portal aus früheren Jahrhunderten eingefügt. An der Vorderfront befindet sich die Blumenuhr, die erstmals bereits im Jahre 1938 angelegt wurde. Zur vollen Stunde ertönt die Melodie „An der Saale hellem Strande".

Abb. 436: Rathaus

Abb. 437: Blumenuhr am Rathaus

Das *Carl-Maria-von-Weber-Theater* wurde als klassizistischer Bau im Jahre 1827 errichtet. Theaterbesucher können aus einem vielseitigen Angebot aus Schauspiel, Kabarett und Musiktheater wählen. Große Künstler gastierten im Hause, wie der Komponist Richard Wagner oder der Geigenvirtuose Paganini.

Abb. 438: Carl-Maria-von-Weber-Theater

Die im Stadtzentrum gelegene *Martinskirche* wurde im neugotischen Stil von 1884 bis 1887 erbaut. Auf den Buntglasfenstern im Altarraum sind Martin Luther und Philipp Melanchthon dargestellt, auf dem Sakristeifenster der Heilige Martin. Der 60 m hohe Kirchturm bietet mit einer Aussichtsplattform einen guten Rundblick. Die Kirche wird heute als Martinszentrum für die Gemeinde sowie für eine evangelische Schule mit Hort und Kindertagesstätte genutzt.

Von 1902 bis 1938 gab es in Bernburg Kurbetrieb mit Sole aus den Solvaywerken für den Heilbetrieb. Davon zeugen heute noch das repräsentative Kurhaus und der Kurpark. Die starke Verschmutzung der Saale mit den Abwässern der chemischen Industrie zwang im Jahre 1939 zur Einstellung des Kurbetriebes.

In dem Ausflugslokal „Paradies“ am Krumbholz wurden schon 1930 Märchenfiguren in einem großen Steingarten aufgestellt, die heute noch ein beliebtes Ausflugsziel sind. Im *Märchengarten* finden die kleinen und großen Besucher elf Märchen der Gebrüder Grimm auf einer Fläche von 2.000 m² mit plastischen Figuren dargestellt. Der *Tierpark Bernburg* liegt inmitten des Naturparks *Unteres Saaletal*. In den Themenbereichen Afrika, Eurasien, Australien und Amerika sind über 1.000 Tiere in 125 verschiedenen Tierarten zu sehen. Durch die ufernahe Lage des Tierparks waren beim großen Hochwasser 2013 die Tiere in Gefahr. Mehrere Hirsche und Rehe ertranken, da die Evakuierung nicht schnell genug erfolgte.

Die Stadt hat den Kurpark mit dem *Rosenhag* an der Saale zu DDR-Zeiten mit einer Pioniereisenbahn und einem Indianerdorf als Abenteuerspielplatz im Krumbholz aufgewertet. Heute existiert davon nur noch die Parkeisenbahn für Touristen. Auf einer Länge von 1,9 km verkehrt sie vom Kurhaus bis zum „Paradies“.

Ein schönes Ziel für den Osterspaziergang ist der Auenwald *Dröbelscher Busch*, am Ostrand der Stadt an der Saale gelegen. Im April ist der Waldboden mit „Kakgänschen“ (Hohler Lerchensporn) und Buschwindröschen bedeckt. Der gesamte Wald leuchtet großflächig in Lila, Weiß und Gelb.

Abb. 439: „Kakgänschen“ im Dröbelschen Busch

Die Wirtschaftsstruktur Bernburgs wird heute von der Entwicklung wichtiger Industrien bestimmt, die auf die Gewinnung und Verarbeitung im Territorium vorhandener Bodenschätze setzen. Die Förderung und Produktion von Steinsalz im Werk der K+S Gruppe im Ortsteil Gröna, die Herstellung von Zementen für die Bauindustrie im Schwenk-Zementwerk im Norden und die Sodaproduktion in den Solvaywerken im Ostteil der Stadt sind die wichtigen Produktionsstandorte.

Abb. 440: Steinsalzwerk

Seit 1883 produzieren die Solvaywerke in Bernburg Soda, heute auch Natriumbicarbonat, Wasserstoffperoxid und Phosphorsäure. Die Basisstoffe für die Produktion sind Kalkstein, Steinsalz und Braunkohle aus den Vorkommen in der Region.

Abb. 441: Solvaywerk

Im Osten der Stadt, im Bereich Latdorf, ist das rechte Saale-Ufer geprägt von künstlichen Hügelketten, den „Kalkteichen“. Hierher werden seit 1883 die Abfallprodukte der Sodaproduktion in den Solvaywerken in Form von Kalkschlamm gepumpt und in großen Becken gesammelt. Die Feststoffe setzen sich am Boden ab und bilden im Laufe der Jahre große Halden. Das Wasser wird in die Saale geleitet.

Abb. 442: Kalkteiche

Im Stadtteil Strenzfeld befindet sich ein Teil der Fachhochschule Anhalt mit ökologisch und landwirtschaftlich orientierten Studiengängen. Die ebenfalls in Strenzfeld ansässige Landesanstalt für Landwirtschaft, Forsten und Gartenbau ist ein Kompetenzzentrum mit dem Ziel der Entwicklung einer umweltschonenden, nachhaltigen und zugleich wettbewerbsfähigen Land-, Gartenbau- und Forstwirtschaft.

Abb. 443: Hauptgebäude der Fachhochschule

Abb. 444: Sektionsgebäude der Fachhochschule

Nienburg

Auf eine über 1.050-jährige Geschichte kann Nienburg zurückblicken. Auf einer Anhöhe am Zusammenfluss von Saale und Bode im *Unteren Saaletal* gelegen war die erste urkundliche Erwähnung im Jahre 961. Die Klosterkirche aus dem Jahre 1282 prägt das Stadtbild im Stile eines Bauwerks der mittelalterlichen Hochgotik und ist die älteste Hallenkirche im niedersächsischen Raum.

Abb. 445: Klosterkirche St. Marien und St. Cyprias

Abb. 446: Wasserturm

Abb. 447: Blick von der Saale zur Klosterkirche

Die Klosterkirche *St. Marien und St. Cyprias* vom Orden der Benediktiner besitzt ein Originalgemälde von Lucas Cranach dem Jüngeren um 1570. Nachdem die erste Ottonische Kirche um 1004 geweiht wurde, sind durch Brände und Wiederaufbau im Jahre 1242 wesentliche Teile bis zum heutigen Tage erhalten. Die Kirche zeigt den Übergang von der Romanik zur Gotik mit der dreischiffigen Klosterkirche. Die Klostergebäude wurden um 1680/90 zu einem Schloss als Witwensitz der Fürstinnen von Köthen-Anhalt umgebaut. Ein Wahrzeichen der Stadt ist der historische 36 m hohe Wasserturm.

In Nienburg treffen nicht nur Bode und Saale, sondern auch mehrere touristische Routen aufeinander: Straße der Romanik, Cranach-Route, Deutsche Alleenstraße, Saale-, Bode- und Europaradweg und das Blaue Band der Wassertouristik.
Das Naturschutzgebiet *Sprohne* am nordöstlichen Saale-Ufer mit seinen großen Eichen-, Ulmen- und Auenwäldern lädt zu Spaziergängen und zum Picknick ein.

Abb. 448: Mündung der Bode in die Saale

Seit 1928 wird in Nienburg Zement produziert, anfangs im Phoenix Zementwerk, nach dem Zweiten Weltkrieg als volkseigener Betrieb, der Anfang der 1990er Jahre stillgelegt wurde. Seit 1992 produzieren dort die Schwenk-Werke Bernburg in einem der modernsten Zementwerke Europas. Die Produktionspalette umfasst Portlandzement, Hochofenzemente, Putz- und Mauerbinder sowie Gesteinsmehle.

Abb.449: Zementwerk

Calbe

965 wurde ein Königshof Calbe erwähnt, den Kaiser Otto I. zusammen mit dem Königshof Rosenburg dem Magdeburger Stift schenkte. Er lag an der karolingischen Heerstraße von Magdeburg nach Halle und bestand wahrscheinlich schon in karolingischer Zeit.

Der Naturpark mit der Auenlandschaft der Saale im nördlichen Teil der *Leipziger Tieflandsbucht* von Calbe bis zur Mündung bei Barby ist auch Lebensraum für Biber und Fischreiher und dient als Winterquartier für die Zugvögel Nordeuropas. Die weite *Leipziger Tieflandsbucht* mit Pappeln- und Obstplantagen bietet in diesem günstigen Klima gute Voraussetzungen für besondere Lebensräume der Tier- und Pflanzenwelt. Die Region um Calbe hat mit dem Zwiebelanbau eine bis ins 16. Jahrhundert zurückreichende Tradition und ist heute eines der größten Zwiebelanbaugebiete Deutschlands, hier „Bollen" genannt. Jedes Jahr am ersten Septemberwochenende wird das *Bollenfest* mit der Wahl einer „Bollenkönigin" gefeiert.

Abb. 450: Flusslandschaft bei Calbe

Abb. 451: Saale mit Schleuse

Das Zentrum von Calbe hat mit Renaissance- und Barockbauten und Teilen der noch erhalten gebliebenen Stadtmauer ein in sich geschlossenes Ensemble. In einer Urkunde von Otto I. von 936 wird der Ort erstmals erwähnt.

Am im Jahre 1876 erbauten Rathaus steht eine 4,5 m hohe *Rolandfigur* aus Sandstein. Die erste *Rolandfigur* aus Holz stand bereits um 1381 in Calbe.

Abb. 452: Rathaus

Abb. 453: Rolandfigur am Rathaus

Zum historischen Stadtbild gehört die im 12. Jahrhundert im spätgotischen Stil erbaute *Stadtkirche St. Stephani* als dreischiffige Hallenkirche mit einem Flügelaltar und einem Taufstein aus dem 16. Jahrhundert.

Abb. 454/455: Stadtkirche St. Stephani

Calbe erlangte früh Bedeutung durch die Schifffahrt und als Handelsplatz. Das Stadtrecht wurde im 12. Jahrhundert erteilt. Am großen Saale-Bogen regelt seit 1941 eine Schleuse den Schiffsverkehr, die heute nur noch von Sport- und Freizeitbooten genutzt wird.

Ein beliebtes Ausflugsziel ist der ca. 4 km entfernte *Wartenberg* mit dem 1904 errichteten 30 m hohen *Bismarckturm* und dem in der Nähe liegenden Erholungspark mit Tiergehege, Gaststätte und Kinderspielplatz.

Hinter Calbe legt die Saale die letzten 22 km bis zur Mündung noch einmal in großen Schleifen durch die hier auslaufende *Leipziger Tieflandsbucht* zurück.

Groß und Klein Rosenburg

Zwischen Elbe und Saale liegen die Dörfer Groß Rosenburg und Klein Rosenburg.
In Klein Rosenburg befindet sich eine Burgruine, um 965 erstmals erwähnt. Die Burg ist die letzte vor der Mündung der Saale in die Elbe und war deshalb von besonderer strategischer Bedeutung.

Die aus dem 5. Jahrhundert stammende Burg wird 839 in einer Urkunde als *Rosburg* erwähnt.

Mit einer Schenkung von Otto I. im Jahre 965 kam der „königliche Hof" an das Magdeburger Mauritius-Kloster, dem späteren Magdeburger Dom. Nach mehrfach wechselnden Besitzverhältnissen gehört Groß Rosenburg heute zur Stadt Barby.

Abb. 456: Torportal der Burganlage

Am Torportal wurde im 15. Jahrhundert das Relief einer Schwurhand in das Mauerwerk eingelassen. Es deutet auf die Gerichtsbarkeit der Burg hin.

Abb. 457: Schwurhand am Torportal

Während der Nazi-Zeit wurde auf dem Gelände eine Gauschule für Führungsoffiziere eingerichtet. Im April 1945 zerstörten britische Bomberverbände die Gebäude auf dem Burggelände bis auf den Torturm mit dem Mauergang.

Das Wirtschaftsleben von Groß Rosenburg wird von Landwirtschaft, gemäßigtem Tourismus und Kleingewerbe bestimmt.

Abb. 458: Blick vom Innenhof zum Torturm

Barby

Der Ort wurde erstmals in einer Urkunde von Otto I. im Jahre 961 benannt. Heute hat die Stadt an der Saale-Mündung mit der reizvollen Umgebung ca. 5.000 Einwohner.
Zum Teil erhalten sind noch Reste der 1.200 m langen mittelalterlichen Stadtmauer mit dem Turm *Prinzesschen* im Nordostteil der Mauer. Besonders hervorzuheben ist der spätbarocke Fachwerkaufsatz mit den um 1750 gestalteten figürlichen Gesichtsmasken. Diese sollen die vier Jahreszeiten darstellen.

Abb. 459: Stadtmauer mit Turm „Prinzesschen"

Das Wahrzeichen der Stadt sind die *Stadtkirche St. Marien* im frühgotischen Stil mit dem barocken Altar aus dem 18. Jahrhundert und die *Franziskanerkirche St. Johannes* aus dem 13. Jahrhundert als Klosterkirche.

Abb. 460: Stadtkirche St. Marien

Abb. 461: Franziskanerkirche St. Johannes

Das Rathaus im Zentrum der Stadt ist der Verwaltungssitz für die Stadt Barby mit den eingemeindeten Ortsteilen Patzetz, Breitenhagen sowie Groß und Klein Rosenburg.

Abb. 462: Rathaus am Markt

Das *Barockschloss* von Barby wurde zwischen 1687 und 1715 errichtet und wurde jahrelang als kommunales Verwaltungszentrum genutzt. Einst diente es als Lehranstalt der Herrenhuter Gemeinde. Auch Johann Wolfgang von Goethe weilte im Dezember 1776 im Schloss.

Abb. 463: Barockschloss

Die Kleinstadt ist zugleich der Endpunkt der Saale mit der Mündung in die Elbe und des Saale-Radwegs nach über 427 km von der Quelle im Fichtelgebirge bis zur Mündung.

Abb. 464: Biber

Im Biosphärenreservat *Mittelelbe*, zu dem auch die Saale-Mündung gehört, leben zahlreiche Tier- und Pflanzenarten. Heimisch sind Biber, Seeadler, Graureiher und Kormorane sowie eine vielfältige Flora mit Farn- und Blütenpflanzen.

Für die Vogelwelt dient die Region *Mittelelbe* in den ufernahen Gebieten als Brut-, Rast- und Winterquartier. Das Biosphärenreservat wurde bereits im Jahre 1979 von der UNESCO als Weltnaturerbe anerkannt. In der Kernzone wird die Natur sich selbst überlassen. Was hier umfällt, bleibt ewig liegen.

Abb. 465: Seeadler

Abb. 466: Mäusebussarde

Im Mündungsgebiet schiebt sich eine spitze Landzunge zwischen die beiden Flüsse, das *Saalhorn*. In früheren Jahrhunderten wurden hier auf der Saale von Halle mit Salz beladene Kähne auf größere Elbschiffe umgeladen und die Fracht wurde bis nach Hamburg verschifft.

Abb. 467: Mündung der Saale in die Elbe

Typisch für die reizvolle Landschaft um Barby sind die Elb-Auen mit den ausgedehnten Auenwäldern.

Am Zusammenfluss von Elbe und Saale bei Barby finden zwei Flüsse zusammen, die mehrere Gemeinsamkeiten an ihren Flussläufen aufweisen. Dazu zählen mittelalterliche Burganlagen, herrliche Schlösser, auf sanften Hügeln angelegte Weinberge mit jahrhundertealten Trockenmauern und Kulturlandschaften sowie stetig wachsende Industrieregionen.

Anlage

Liste der Zuflüsse zur Saale

Flussname	**Mündung bei**	**Länge**
Bode	Nienburg	169 km
Fuhne	Bernburg	59 km
Geisel	Merseburg	23 km
Ilm	Großheringen	129 km
Leutra	Maua-Jena	8 km
Luppe	Schkopau	25 km
Nördliche Regnitz	Hof	34 km
Orla	Orlamünde	35 km
Salza	Salzmünde	48 km
Schwarza	Schwarza-Rudolstadt	53 km
Selbitz	Blankenstein	37 km
Unstrut	Naumburg-Blütengrund	192 km
Weiße Elster	Halle-Ammendorf	257 km
Wipper	Bernburg	85 km
Wisenta	Burgk-Walsburg	55 km

Weitere 62 kleine Bäche münden im Flussverlauf in die Saale.

Feste an der Saale

Ort	Name	Zeit
Bad Dürrenberg	Brunnenfest	Juni
Bad Kösen	Brunnenfest	Juni
Bad Lauchstädt	Brunnenfest	August
Bad Lauchstädt	Christkindl-Markt	Dezember
Bad Lobenstein	Schützenfest	Ende Juni
Bernburg	Stadt- und Rosenfest	Anfang Juni
Calbe	Bollenfest	Anfang September
Dornburg	Schlössernacht	Ende August
Dornburg	Rosenfest	Ende Juni
Fattigsmühle bei Joditz	Mühlenfest	Pfingstmontag
Freyburg	Winzerfest	2. Wochenende im September
Goseck	Sommersonnenwende	21. Juni
Goseck	Wintersonnenwende	21. Dezember
Großkochberg	Thüringer Schlösser-tage	Anfang Juni
Halle	Händelfestspiele	Juni
Halle	Laternenfest	Ende August
Hirschberg	Wiesenfest	Mitte August
Hof	Internationale Filmtage	Ende Oktober
Hof	Wiesenfest	Ende August
Jena	Open-Air-Festival Kul-turarena	Juli/August
Krosigk Wasser- und Windmühle	Mühlenfest	Pfingstmontag
Merseburg	Schlossfest	Juni
Merseburg	Merseburger Orgeltage	Anfang September

Merseburg	Zauberfest	Ende Oktober
Naumburg	Kirschfest	Juni
Naumburg	Weinfest mit Töpfermarkt und Drehorgelfest	August
Oberkotzau	Wiesenfest, Sautreiberfest	Anfang Juli, zweijährlich im Wechsel
Pögritzmühle Wettin	Mühlenfest	Pfingstmontag
Rudolstadt	Tanz- und Folkfest Rudolstadt Festival	1. Wochenende im Juli
Rudolstadt	Vogelschießen	Mitte August
Saalburg-Ebersdorf	SonneMondSterne Festival	Mitte August
Saale-Unstrut-Region	Weinmeile Bad Kösen bis Roßbach	Pfingsten
Saale-Unstrut-Region	Weinbergwanderung im Blütengrund	03. Oktober
Spergau	Lichtmess	Anfang Februar
Uhlstädt	Flößerfest	zweijährlich in ungeraden Jahren Pfingsten
Weißenfels	Schlossfest	Ende August
Zeddenbach bei Freyburg	Mühlenfest	Pfingstmontag
Ziegenrück	Hohenwarte-Stauseefest	Anfang August

Quellennachweise

Text

An Saale und Unstrut / Knut Müller, Peter Münch. Hamburg: Ellert & Richter, 1997.

Au(g)enblicke: Streifzüge durch die Elster-Luppe- und Saale-Elster-Aue. Bd. 3.2. Halle/Saale: Arbeitskreis Döllnitz, 2016.

Ausflugsatlas Bezirke Leipzig, Halle. Berlin (u.a.): Landkartenverl. (u.a.), 1976.

Burgen in Sachsen-Anhalt / Michael Pantenius. Halle: Mitteldt Verl., 2010.

Burgen, Schlösser in Thüringen / Günther Feuereißen. Bindlach: Gondrom, 1995.

Deutschland: Landpartien zum Genießen. Ostfildern: Dumont Reiseverlag, 2006.

Deutschlands Flüsse / Leander u. Mina Brandt. Köln: Fackelträger, 2014.

Der Dom zu Merseburg /Peter Ramm, Janos Stekovics. Wettin-Löbejün: Stekovics, 2012.

Entlang der „Straße der Romanik" Sachsen-Anhalt / Horst Ziethen. Bad Münstereifel: Ziethen-Panorama Verlag, 2012.

Freistaat Sachsen, Freistaat Thüringen, Sachsen-Anhalt: mit Stadtplänen von Annaberg-Buchholz … [Atlas]. Borsdorf: Barthel, 2001.

Halle an der Saale / Dorothea Pellicioni … Erfurt: Sutton, 2013.

Halle (Saale) / Michael Pantenius. – Halle: Mitteldt. Verl., 2010

Halle (Saale) und Umgebung / Britta Schulze-Thulin. Halle: Mitteldt. Verl., 2005.

Halle-Saale-Unstrut / Herbert Ehlers, Roland Mischke. Hamm: Art Color, 1998.

Jena / Richard Mader. Gotha: Perthes, 1993.

Mansfelder Land und unteres Saaletal / Britta Schulze-Thulin. Halle: Mitteldt. Verl. 2008.

Mein Urlaub – Saale-Unstrut: Journal 2017. Naumburg: Saale-Unstrut-Tourismus, 2017.

Merseburg einst und jetzt: Beiträge zur Heimatgeschichte. Merseburg 16.2006-17.2007.

Mittleres Saaletal: Naumburg und Umgebung, Radwander-Wanderkarte … Borsdorf bei Leipzig: Barthel, o.J.

Radwanderkarte Saale-Radwanderweg. Borsdorf bei Leipzig: Barthel, 2015.

Rennsteig: Wanderführer / Horst Golchert. Ilmenau: Verl. Grünes Herz, 2011.

Der Saalekreis / Katrin Greiner, Janos Stekovics. Dößel: Stekovics, 2011.

Saaleradweg / Hans-Peter Vogt. Innsbruck: Kompass-Kt., 2013.

Saale-Radweg: vom Fichtelgebirge zur Elbe: Tourenkarte. Weilheim : Stöppel-Verl., 1996.

Saale-Unstrut-Triasland / Britta Schulze-Thulin. Halle: Mitteldt. Verlag, 2006.

Sachsen-Anhalt / Text: Matthias Gretzschel. Ostfildern: HB-Verl. 2000 (HB-Bildatlas).

Schlösserwelt Thüringen: Magazin 2016. Rudolstadt: Stiftung Thüringer Schlösser und Gärten.

Spergauer Lichtmeß: eine Zeitreise / Jürgen Jankofsky, Ulrich Kneise. Halle: Mitteldt. Verl., 2015.

Spergauer Lichtmeß – Berichte / Jürgen Jankofsky, Jochen Ehmke. Hamburg: Druckregie GmbH, 1993.

Stadtführer Merseburg und Umgebung / Peter Ramm. Halle: Mitteldt. Verl., 2008.

Quelle am Schacht / Hans-Ulrich Köhler. In: MZ vom 30.01.2017.

Thüringen / Antje Vanhoefen. Halle: Mitteldt. Verl., 2012.

Thüringen: Wissenswertes von Land und Leuten / Bernd Wurlitzer. Pforzheim: Goldstadtverl., 2005.

Tourismusführer Bernburg & Umgebung. Bernburg: Bernburger Freizeit GmbH, 2013.

Unterwegs auf Deutschlands Ferienstraßen. München: ADAC-Verlag, 1995.

Unterwegs in Mitteldeutschland / Moritz Fahrner, Udo Pellmann. Leipzig: Admos, 1999.

Unterwegs in Thüringen: Übersichtskarte … / Thüringer Tourismus GmbH. Bad Langensalza: Artifex, 2012.

Verschlungen durch den Auenwald / Hans-Ulrich Köhler. In: MZ vom 17./18.09.2016, S. 26.

Die Weinstraße Saale-Unstrut / Michael Pantenius. Halle: Mitteldt. Verl., 2008.

MZ vom 15.04.2017: Thema: Biosphärenreservat Mittelelbe …

MZ von Ostern 2016: Thema: Geschichte des Geschlechts der Wettiner

Weiterhin wurden Texte aus dem Internet (Wikipedia u.a.) verwendet.

Bilder

Die Bilder wurden von Heidrun und Wilfried Günther fotografiert. Einzelne Fotos wurden mit freundlicher Genehmigung von anderen Fotografen übernommen.

Fotos anderer Fotografen:

Archiv Goethe-Theater: Theaterinnenraum mit Bühne

Fischer, Knut (www.kranich-foto.de) Mäusebussard, Graureiher, Haubentaucher, Seeadler, Biber

Fuchsturm-Gesellschaft e.V., gegr. 1861 Jena: Kirchberg mit Fuchsturm historische Ansicht

Germar, Uwe (Uwe Germar – m4medien): Herzogenstube

Golchert, Horst, Masserberg, aus: „Wanderführer Rennsteig“, S.23, mit freundlicher Genehmigung Verlag Grünes Herz, Ilmenau: Zeichnung von Julius Plänckner

Heinrich, Jürgen, Merseburg: Eisvogel, Eidechse, Roter Milan, Schwarzmilan, Kiebitz, Bienenfresser, Rohrdommel, Graureiher bei der Fütterung, Weißstorch, Fischadler, Graugänse

Kästner, Sven: Mai-Kuckucksblume, Sumpf-Dotterblume, Ringelnatter

Kneise, Ulrich: Spergauer Lichtmess: Guckkastenmann, Pferde, Erbsbär, Küchenmädchen und Läufer

Landesamt für Denkmalpflege und Archäologie Sachsen-Anhalt, Juraj Liptak: Himmelsscheibe von Nebra

Regionalverbund Thüringer Wald e.V.: Rennsteigkarte

Schmidt, Matthias Frank, Fotograf Erfurt: Märchendom und Linke Quellgrotte in den Feengrotten

Schütze, Gert, Calbe: Flusslandschaft bei Calbe

Danksagung

Der Autor dankt den im Bildnachweis genannten Fotografen, Vereinen und Institutionen für die freundliche Bereitstellung ihrer Bilder für das Manuskript des Buches. Weiterhin danke ich meiner Frau Heidrun für die aktive Teilnahme an der Gestaltung des Manuskriptes durch die Bereitstellung von Fotos und bei der schreibtechnischen Aufbereitung des Textes sowie meinem Sohn Steffen für die Unterstützung bei Computerproblemen..

.

Inhalt